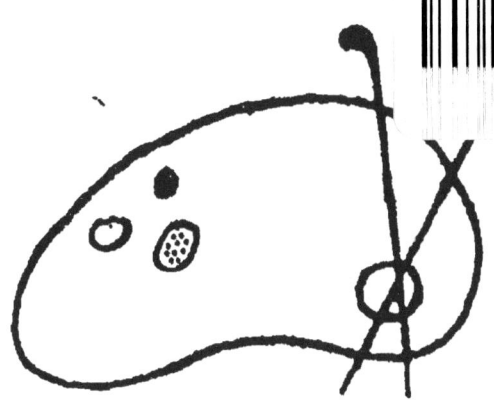

Début d'une série de documents en couleur

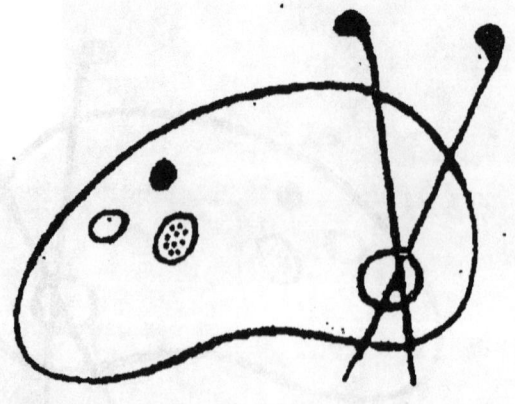

Fin d'une série de documents en couleur

Lb³⁹4502. (2)

DROITS
DE
L'HOMME,

SECONDE PARTIE.

On trouve aux mêmes adresses : *les Droits de l'Homme*, en réponse aux attaques de M. Burke, première partie, par M. Paine, 1 vol. *in-*8°. prix 2 liv.

DROITS DE L'HOMME,

SECONDE PARTIE,

RÉUNISSANT LES PRINCIPES ET LA PRATIQUE;

Par Thomas PAINE, Secrétaire du Congrès pour le département des Affaires étrangères pendant la guerre d'Amérique, & Auteur de l'Ouvrage intitulé : LE SENS COMMUN.

Traduit de l'Anglais sur la troisième édition.

A PARIS,

Chez BUISSON, Imp.-Libr. rue Hautefeuille, N°. 20.

Et TESTU, Imprimeur-Libraire, même rue, N°. 14.

1792.

A MONSIEUR
DE LA FAYETTE,

Monsieur,

Après une connoissance de près de quinze ans, dans des situations difficiles en Amérique, & après différentes consultations en Europe, je trouve du plaisir à vous présenter ce petit Traité, en reconnoissance des services que vous avez rendus à ma bien-aimée Amérique, & comme une marque de mon estime pour les vertus publiques & privées que je sais que vous possédez.

Le seul point sur lequel j'aie jamais remarqué que nous différions, n'étoit pas sur les principes du gouvernement, mais sur le tems.

Pour moi, je crois qu'il est également injurieux, pour les bons principes, de souffrir qu'ils languissent, que de les mettre trop tôt en avant. Ce que vous croyez pouvoir accomplir en quatorze ou quinze ans, je puis le croire praticable en bien moins de tems. Il me paroît que les hommes sont toujours assez mûrs pour entendre leurs véritables intérêts, pourvu qu'on les leur présente clairement & de manière à ne point faire naître de soupçons d'égoïsme, ou qu'on ne les offense pas en prenant trop d'ascendant. Là, où nous desirons faire des réformes, il ne faut pas faire de reproche.

Lorsque la révolution de l'Amérique fut établie, j'étois enclin à me retirer tranquillement pour jouir du calme. Il ne me paroissoit pas qu'il pût ensuite se présenter aucun objet assez grand pour me faire quitter la tranquillité, & exciter en moi les mêmes sensations que j'avois éprouvées auparavant. Mais quand le principe, & non pas le lieu, est la cause motrice de l'action, je vois qu'un homme est par-tout le même.

Me voilà de nouveau jeté dans la vie publique ; comme je n'ai pas droit d'attendre des jours aussi longs que vous pouvez vous-même espérer, je suis résolu de travailler aussi vîte que je pourrai ; & comme je desire ardemment votre compagnie & votre assistance, je souhaiterois que vous hâtassiez l'exécution de vos principes, & que vous m'atteignissiez.

Si vous faites une campagne le printems prochain, il est néanmoins très-probable que cela ne sera pas nécessaire ; j'irai vous joindre. S'il arrivoit que la campagne commençât, j'espère qu'elle finira par l'extinction du despotisme germanique, & par l'établissement de la liberté en Alle-

magne. Quand la France sera entourée de révolutions, elle sera en paix & en sûreté, & conséquemment ses impôts, ainsi que ceux de l'Allemagne, diminueront graduellement.

Votre ami sincère
& affectionné,
THOMAS PAINE.

A Londres, le 9 Février 1792.

PRÉFACE.

Quand je commençai le chapitre intitulé « *Conclusion* » dans la première partie des Droits de l'Homme, publiée l'année dernière, c'étoit mon intention de le faire beaucoup plus long; mais en repassant dans mon esprit tout ce que j'avois dessein d'y ajouter, je trouvai ou qu'il falloit que je rendisse l'ouvrage trop volumineux ou que je circonscrivisse trop mon plan. C'est pourquoi je le terminai aussitôt que le sujet me le permit, & réservai ce que j'avois de plus à dire pour une autre occasion.

Plusieurs autres raisons contribuèrent à me faire prendre cette résolution. Je voulois savoir comment un ouvrage, écrit dans un style & dans un genre si différent de ce que l'on avoit coutume de voir en Angleterre, seroit reçu du public, avant d'aller plus loin. Un vaste champ s'ouvroit aux desseins des hommes, par le moyen de la révolution française. L'opposition injurieuse de M. Burke amena la controverse en Angleterre. Il attaqua des principes qu'il étoit informé que je défendrois, parce que je les crois bons, parce que j'ai contribué à les établir & que je me crois obligé de les défendre. S'il n'avoit pas provoqué la controverse, j'aurois probablement gardé le silence.

Une autre raison qui m'engagea à différer le reste de l'ouvrage, fut que M. Burke promit, dans sa première publication, de renouveler le sujet dans une autre occasion, & de faire une comparaison entre ce qu'il appelle la constitution anglaise & celle de France. C'est pourquoi je me tins en réserve pour l'attendre. Il a depuis publié deux ouvrages sans s'acquitter de sa promesse; qu'il n'auroit certainement pas omise, si la comparaison avoit été en sa faveur.

Dans son dernier ouvrage, « *son Appel des nouveaux aux anciens Whigs* », il a cité environ dix pages des *Droits de l'Homme* ; & après s'être donné la peine de le faire, il dit, « qu'il ne tentera pas de les réfuter », voulant dire les principes qui y sont contenus. Je connois assez M. Burke pour savoir qu'il l'auroit fait s'il avoit pu. Mais au lieu de les contester, il se console immédiatement après, en disant « qu'il a fait sa part ». — Cela n'est pas vrai. Il n'a pas tenu sa promesse en comparant les deux constitutions. Il suscita la contröverse, il jeta le gantelet & évita ignominieusement le combat. Il est maintenant *à l'unisson* de son opinion, « *que le siècle de la chevalerie est passé* ».

Le titre, ainsi que la substance de son dernier ouvrage, son « *Appel* », fait sa condamnation. Les principes n'ont besoin que de leur propre mérite ; & s'ils sont bons, ils se soutiendront. Les mettre sous la protection de l'autorité des autres hommes, comme l'a fait M. Burke, c'est les rendre suspects. M. Burke n'aime pas trop à céder une partie des honneurs ; mais dans ce cas-ci, il tâche artificieusement de se décharger d'une partie de sa disgrâce.

Mais qui sont ceux à qui M. Burke a fait son appel ? Une bande d'enfans en fait de philosophie & des demi-politiques de l'autre siècle; des hommes qui n'allèrent pas plus loin dans l'étude des principes que cela pouvoit être utile à soutenir leur parti ; des hommes qui ne pensèrent jamais à la Nation : & tel a été le caractère de tous les partis, depuis ce tems-là jusqu'au moment actuel. La Nation ne voit rien dans de pareils ouvrages, ou dans une pareille politique digne de son attention. Peu de chose peut faire mouvoir un parti, mais il faut quelque chose de grand pour émouvoir une Nation.

Quoique je ne voye rien dans l'appel

de M. Burke qui soit digne de beaucoup d'attention, il y a néanmoins une expression sur laquelle je ferai quelques remarques. Après avoir cité nombre de passages des *Droits de l'homme* & refusé de combattre les principes contenus dans cet ouvrage, il dit : « Cela sera proba-
» blement fait (*si de pareils écrits sont*
» *jugés dignes d'une autre réfutation que*
» *de celle de la justice criminelle*), par
» d'autres, qui pourront penser comme
» M. Burke & avec le même zèle ».

En premier lieu, cela n'a pas encore été fait par qui que ce soit. Il n'y a pas eu moins de huit ou dix pamphlets de publiés par différentes personnes, pour servir de réponse aux « Droits de l'homme » ; & aucun d'eux, à ma connoissance, n'a été jusqu'à une seconde édition : leurs titres mêmes ne sont pas généralement connus. Comme je n'aime pas à multiplier les publications inutiles, je n'ai répondu à aucuns d'eux; & comme je crois qu'un homme peut lui-même perdre sa réputation en écrivant, tandis que les écrits des autres ne sauroient là lui faire perdre, j'ai soin d'éviter cet écueil.

Mais en voulant d'un côté éviter les publications inutiles, je voudrois de l'autre écarter de moi tout ce qui peut paroître comme un orgueil dédaigneux. Si M. Burke ou toute autre personne de son parti veut produire une réponse aux droits de l'homme, dont on ait distribué un nombre d'exemplaires montant à la moitié, ou même au quart des exemplaires des droits de l'homme, je répondrai à son ouvrage. Mais jusqu'à ce qu'il ait fait cela, je me laisserai tellement guider par le public (& le public sait que je ne suis pas un flatteur) que je ne croirai pas qu'il soit digne de moi de répondre à ce qu'il ne trouve pas digne de lire. Je suppose qu'il s'est au moins distribué, tant en Angleterre qu'en Ecosse & en Irlande quarante à cinquante mille exemplaires de la premiere partie des *droits de l'homme*.

Je vais maintenant faire quelques observations sur le reste de la citation de M. Burke.

« Si, dit-il, de pareils écrits sont jugés » dignes d'une autre réfutation que de » celle de la justice *criminelle* ? »

Le lecteur pardonnera le calambour, ce seroit vraîment une justice bien *criminelle* qui condamneroit un ouvrage parce qu'on ne peut pas le réfuter. La plus grande peine qu'on pourroit lui infliger seroit de le réfuter. Mais en suivant la méthode indiquée par M. Burke, la condamnation tomberoit finalement sur l'injustice du procès & non pas sur l'ouvrage, & dans ce cas-là, j'aimerois mieux en être l'auteur que le juge ou les jurés qui le condamneroient.

Mais pour en venir directement au but, j'ai été d'un avis différent de plusieurs gens de loi, sur le sujet des poursuites, & je trouve qu'ils reviennent à présent à mon opinion ; je vais ici exposer mon opinion, d'une manière étendue, & en même-tems aussi concise que possible.

Je vais d'abord supposer un cas par rapport à une loi quelconque, & la comparer ensuite avec un gouvernement, ou avec ce que l'Angleterre est ou a été appelée, une constitution.

Ce seroit un acte de despotisme, ou de ce que l'on appelle en Angleterre pouvoir arbitraire, de faire une loi pour défendre d'examiner les principes, bons ou mauvais, sur lesquels cette loi ou toute autre seroit fondée.

Si une loi est mauvaise, autre chose est de s'opposer à son exécution, que d'exposer ses erreurs, d'argumenter sur ses défauts, & de faire voir pourquoi on devroit la révoquer, ou pourquoi on devroit lui en substituer une autre. J'ai toujours été d'avis (& j'ai toujours pratiqué cet avis) qu'il vaut mieux obéir à une mauvaise loi, en se servant en mêmetems de tous les argumens possibles pour en faire voir les défauts & en procurer la révocation, que de la violer par la force; parce que l'exemple d'enfreindre une mauvaise loi, pourroit conduire à l'infraction de celles qui sont bonnes.

Il en est de même par rapport aux principes & aux formes de gouvernement, ou à ce que l'on appelle constitution & aux parties dont elles sont composées.

C'est pour le bien des nations & non pas pour les émolumens ou pour l'aggrandissement de certains individus que les gouvernemens doivent être établis, & que le genre humain fait la dépense de les entretenir. Donc en raisonnant comme ci-devant, les défauts de tout gouvernement & de toute constitution, quant au principe & à la forme, doivent être aussi ouverts à la discussion que les défauts d'une loi, & tout individu contracte l'obligation de les faire connoître. Quand ces défauts & les moyens d'y remédier sont généralement connus d'une nation, cette nation réforme son gouvernement ou sa constitution dans un cas, comme le gouvernement avoit révoqué ou réformé la loi dans l'autre. L'opération du gouvernement est restreinte à faire ou à exécuter les lois; mais c'est à une nation qu'appartient le droit de créer ou de régénérer les constitutions & les gouvernemens ; conséquemment ces sujets, comme sujets d'enquêtes, sont toujours soumis *de droit* à l'inspection d'une nation, & ne sauroient, sans envahir les droits généraux de ce pays, devenir des sujets de poursuite. Sur ce terrein, je combattrai

M. Burke quand il lui plaira. Il vaut mieux que tout l'argument soit à découvert que de l'étouffer. Ce fut lui qui ouvrit la controverse ; il ne doit pas l'abandonner.

Je ne crois pas que la monarchie & l'aristocratie existent encore sept ans dans aucun des pays éclairés de l'Europe. Si on peut avancer des meilleures raisons pour elles que contre elles, ces raisons prévaudront ; sinon elles tomberont d'elles-mêmes. On ne peut pas actuellement dire aux hommes de ne pas penser & de ne pas lire ; & les ouvrages qui ne font qu'examiner les principes des gouvernemens, inviter les hommes à raisonner & à réfléchir, montrer les erreurs & les perfections des différens systêmes, ont droit de paroître. S'ils n'excitent pas l'attention, ils ne sont pas dignes d'un procès ; & s'ils le font, les poursuites deviendront nulles, puisqu'elles ne sauroient s'étendre jusqu'à prohiber la lecture. Ce seroit un jugement contre le public, & non pas contre l'auteur, & la méthode la plus efficace d'exciter ou de hâter les révolutions.

Dans tous les cas qui ont universellement rapport à une Nation touchant les systêmes de gouvernemens, un juré de *douze* hommes n'est pas compétent pour décider. Où il n'y a pas de témoins à examiner, pas de faits à prouver, quand toute l'affaire est devant le public en général, le mérite ou le démérite dépendant de son opinion; & lorsqu'une cour de justice ne peut rien connoître de plus que ce que chaque individu connoît, chaque aggrégation de douze personnes formeroit un aussi bon juré l'une que l'autre, & casseroit probablement le jugement l'une de l'autre; ou, à cause des différentes opinions de ses membres, ne seroit pas en état d'en former un. C'est une question de savoir si une Nation approuvera un ouvrage ou un plan ; mais c'est une autre question de savoir si elle confiera à un pareil juré le pouvoir de déterminer si cette Nation a droit ou non de réformer son gouvernement. Je fais mention de ces cas afin que M. Burke puisse voir que je n'ai pas écrit sur le gouvernement sans réfléchir sur ce qu'étoit une loi, ainsi que sur ce que sont des droits. == Le seul juré efficace, dans de pareils cas, seroit une convention de toute la Nation élue avec candeur ; car dans tous les cas semblables, la Nation est le voisinage. Si M. Burke veut proposer un pareil juré, je renoncerai au privilége d'être citoyen d'un autre pays ; &, me soumettant à sa proposition, j'attendrai l'issue de son jugement, pourvu qu'il veuille faire la même chose ; car mon opinion est que son ouvrage & ses principes seroient condamnés au lieu des miens.

Quant aux préjugés que les hommes

ont contractés de l'éducation & de l'habitude, en faveur de telle ou telle forme de gouvernement, ces préjugés ont encore à subir l'épreuve de la raison & de la réflexion. Dans le fait, de tels préjugés ne sont rien. Personne n'est prévenu en faveur d'une chose, lorsqu'il sait qu'elle est mauvaise ; & quand il est convaincu qu'elle ne l'est pas, son préjugé s'évanouit. Nous n'avons qu'une idée défectueuse du préjugé. On pourroit dire que jusqu'à ce que les hommes parviennent à penser pour eux-mêmes, tout est chez eux préjugés, & non pas *opinion* ; car une opinion proprement dite est le résultat de la raison & de la réflexion. Je fais cette remarque, pour que M. Burke n'ait pas trop de confiance aux préjugés ordinaires du pays.

Je ne crois pas qu'on ait jamais traité le peuple d'Angleterre avec candeur & avec justice. Les partis & les hommes qu'on appeloit chefs lui en ont toujours imposé. Il est tems que la Nation se montre supérieure à ces momeries. Il est tems qu'elle bannisse cette indolence & cette inattention qui ont si longtems encouragé l'augmentation excessive des taxes. Il est tems qu'elle renonce à ces chansons & à ces *santés* qui sont calquées pour rendre esclaves, & qui tendent à étouffer la réflexion. Sur de pareils sujets, les hommes n'ont qu'à penser ; & ils ne pourront ni mal agir ni être induits en erreur. Dire qu'un peuple quelconque n'est pas propre à la liberté, c'est faire la pauvreté l'objet de son choix, & dire qu'il aimeroit mieux être chargé de taxes que de n'en pas avoir. Si on pouvoit prouver une pareille chose, on prouveroit également que ceux qui le gouvernent ne sont pas propres à le gouverner, car ils font partie de ce même peuple.

Mais en admettant qu'il faille changer

les gouvernemens dans toute l'Europe, cela peut certainement se faire sans convulsion & sans vengeance. Il ne vaut pas la peine de faire des changemens ou des révolutions, à moins que ce ne soit pour de grands avantages nationaux; & quand une Nation verra ces avantages & les voudra, le danger sera, comme en Amérique & en France, pour ceux qui s'y opposeront; & avec cette réflexion je termine ma Préface.

A Londres, le 9 Février 1792.

Signé THOMAS PAINE.

DROITS

DROITS DE L'HOMME,

SECONDE PARTIE.

INTRODUCTION.

ON peut appliquer à la raison & à la liberté les paroles d'Archimède fur les pouvoirs mécaniques : « *Si l'on trouvoit un point d'appui, il seroit possible de soulever le monde* ».

La révolution de l'Amérique offrit en politique ce qui n'étoit qu'une théorie, en fait de mécanique. Les gouvernemens de l'ancien monde avoient pris de telles racines; la tyrannie & l'habitude dominoient tellement les esprits, qu'il étoit impossible qu'on commençât en Asie, en Afrique ou en Europe, à réformer l'état politique de l'homme. La liberté avoit été chassée de toutes les parties du globe : on regardoit la raison comme une rebelle, & l'esclavage de la crainte empêchoit les hommes de penser.

Mais telle est la nature irrésistible de la vérité, qu'il ne lui faut que la liberté de paroître. Le soleil n'a pas besoin d'inscription pour être distingué des ténèbres; & à peine les gouvernemens de l'Amérique furent-ils connus dans le monde, que le despotisme reçut un échec, & que l'homme commença à espérer du soulagement.

L'indépendance de l'Amérique, considérée simplement sous le point de vue de sa séparation de l'Angleterre, n'auroit été qu'une chose de peu d'importance, si elle n'avoit pas été accompagnée d'une révolution dans les principes & dans la pratique des gouvernemens. L'Amérique n'a pas combattu pour elle seule, mais pour le monde entier ; elle a étendu ses vues au-delà des avantages particuliers qu'elle pouvoit recueillir. Le Hessois même, quoique soudoyé pour l'assujettir, vivra peut-être assez long-tems pour bénir sa défaite; & l'Angleterre, en condamnant les vices de son gouvernement, se réjouira de son manque de succès.

Comme l'Amérique étoit le seul endroit du monde politique, où l'on pût poser les principes d'une réforme universelle, c'étoit aussi le meilleur endroit du monde naturel. Un concours de circonstances contribuoit non-seulement à produire ses principes, mais encore à les faire parvenir à une taille gigantesque. Les scènes majestueuses que ce pays offre à l'œil du spectateur, font naître & encouragent les grandes idées. Il y voit la nature en grand. Les vastes objets qu'il contemple donnent l'essor à son imagination, & lui font partager la grandeur qu'il contemple. = Ses premiers habitans furent des émigrans des différentes nations de l'Europe, professant différentes religions, qui fuyoient les persécutions des gouvernemens de l'ancien monde, & qui se retrouvoient dans le nouveau, non pas comme ennemis, mais comme frères. Les besoins, qui accompagnent nécessairement la culture d'un désert, produisirent parmi eux un état de société que les pays, long-tems harassés par les querelles & les intrigues des gouvernemens, avoient négligé de chérir. Dans une pareille situation, l'homme devient ce qu'il doit être. Il voit ses semblables non pas comme des ennemis naturels, mais comme ses frères; & l'exemple prouve au monde artificiel, qu'il faut rétrograder vers la nature pour obtenir des instructions.

Des progrès rapides que l'Amérique fait dans tous les genres d'améliorations, on peut raisonnablement conclure que si les gouvernemens de l'Asie, de l'Afrique & de l'Europe avoient commencé par des principes semblables à ceux de l'Amérique, ou que s'ils ne s'en étoient pas écartés de bonne heure, ces pays seroient dans un état bien plus florissant que celui dans lequel ils sont. Une longue suite de siècles n'offre à la contemplation que leur misère. Un spectateur qui n'auroit aucune idée du monde, & qui n'y seroit placé que pour faire des observations, s'imagineroit qu'une grande partie de l'ancien monde est nouvellement peuplée, & qu'elle lutte encore contre les difficultés & les inconvéniens qui accompagnent un nouvel établissement. Il supposeroit que ces multitudes de pauvres qui fourmillent dans les anciens pays, sont des gens qui n'ont pas encore eu le tems de se faire un sort. Il seroit bien éloigné de penser qu'ils sont une des conséquences de ce que l'on appelle, dans ces pays-là, *gouvernement*.

Si l'on passe de la contemplation des États les plus misérables de l'ancien monde à celle de ceux qui sont parvenus à un certain degré d'amélioration, on trouve toujours la main avide du gouvernement se fourrant dans toutes les crevasses de l'industrie, & s'appropriant les dépouilles de la multitude. L'invention travaille continuellement à trouver de nouveaux prétextes de revenus & d'impôts; elle veille la prospérité comme sa proie, & elle ne la laisse jamais échapper sans une contribution.

Comme les révolutions ont commencé, (& comme il est toujours plus probable qu'une chose ne commencera pas, qu'il ne l'est qu'elle ne continuera pas, lorsqu'elle est commencée) il est naturel de s'attendre à d'autres révolutions. Les dépenses incroyables, & toujours croissantes, qu'exigent les anciens gouvernemens, les guerres nombreuses qu'ils entreprennent ou qu'ils excitent, les entraves qu'ils mettent à la civilisation universelle & au commerce, les oppressions & les usurpations dont ils se rendent coupables chez eux, ont épuisé la patience & les trésors des nations. Dans de pareilles circonstances & avec les exemples qui existent, on doit s'attendre à des révolutions; elles font le sujet de toutes les conversations, & peuvent être considérées comme l'*ordre du jour*.

S'il est possible d'introduire des systêmes de gouvernement moins dispendieux, & qui contribuent davantage au bonheur général que ceux qui ont jusqu'ici existé, toute tentative pour s'opposer à leurs progrès, deviendra finalement inutile. La raison, comme le tems, se frayera elle-même un passage, & le préjugé succombera dans un combat avec l'intérêt. Si la paix, la civilisation & le commerce universel doivent un jour être le partage du genre humain, cela ne sauroit s'accomplir que par une révolution dans le système des gouvernemens. Tous les gouvernemens monarchiques sont militaires. La guerre est leur métier; le pillage & les impôts leur objet. Tant qu'il existera de pareils gouvernemens, on ne sauroit compter sur un seul jour de paix. Qu'est-ce que l'histoire des gouvernemens monarchiques, sinon un tableau dégoûtant de la misère humaine, & un répit accidentel de quelques années de tranquillité ? Épuisés de guerres & de massacres, ils se reposent quelques instans & les appellent paix. Ce n'est sûrement pas-là le sort que le ciel destinoit à l'homme; & si c'est-là ce que l'on nomme *monarchie*, on auroit bien pu mettre la monarchie au nombre des péchés des Juifs.

Les révolutions qui ont, autrefois, eu lieu dans le monde, n'avoient rien qui intéressât la masse du genre humain; elles ne s'étendoient qu'à des changemens d'hommes & de mesures, mais non pas de principes; & elles parurent & périrent avec les autres affaires du moment. Ce que nous contemplons aujourd'hui peut, en quelque sorte, être appelé une *contre-révolution*. Les conquêtes & la tyrannie avoient, dans le commencement des siècles, dépouillé l'homme de ses droits, maintenant il les reprend; & comme le courant de toutes les affaires humaines a son flux & son reflux dans des directions opposées, il en est de même de celui-ci. Le gouvernement fondé sur une *théorie morale*, sur un *système de paix universelle*, sur les *droits indestructibles de l'homme*, reflue à présent de l'Occident à l'Orient, par une impulsion bien plus considérable que le gouvernement de l'épée ne coula de l'Orient à l'Occident. Ses progrès intéressent non-seulement les simples individus, mais même les nations, & ils promettent une ère nouvelle à l'espèce humaine.

Le danger auquel le succès des révolutions est le plus exposé, est celui de les tenter avant que les principes sur lesquels elles doivent être assises, & que les avantages qui doivent en résulter soient suffisamment entendus. Presque tout ce qui appartient aux circonstances d'une nation, a été absorbé & confondu dans le mot général & mystérieux de *gouvernement*. Quoiqu'il se garde bien de prendre sur son compte les erreurs qu'il commet, & les maux qu'il occasionne, il ne manque jamais de s'attribuer tout ce qui a l'apparence de prospérité. Il s'arroge l'honneur dû à l'industrie, en se disant, d'une manière pédantesque, la cause de ses effets; & profitant du caractère général de l'homme, il s'attribue le mérite qui appartient à celui-ci comme être social.

Il pourra donc être utile, dans ce tems de révolutions, de distinguer les choses qui sont les effets du gouvernement d'avec celles qui ne le sont pas. Le meilleur moyen de s'acquitter de cette tâche, sera d'examiner la société, la civilisation & les conséquences qui en résultent, comme des choses différentes de celles que l'on appelle *gouvernemens*. En commençant par cet examen, nous serons en état d'attribuer les effets à leurs propres causes, & d'analyser la masse des erreurs communes.

CHAPITRE Ier.

De la Société & de la Civilisation.

Une grande partie de cet ordre qui règne parmi les hommes n'est pas l'effet du gouvernement. Elle a son origine dans les principes de la société & de la constitution naturelle de l'homme. Elle existoit avant le gouvernement, & continueroit d'exister si la formalité du gouvernement étoit abolie. La dépendance & les intérêts réciproques & mutuels des hommes & de toutes les parties d'une communauté civilisée, créent cette grande chaîne qui les tient ensemble. Le tenancier, le fermier, le manufacturier, le négociant, l'artisan & toutes les professions prosperent par l'assistance que chacune d'elles reçoit de l'autre ou de toutes. L'intérêt commun règle leurs affaires & forme leur loi; & les loix faites par l'utilité commune ont plus d'influence que celles du gouvernement. En un mot, la société fait pour elle-même presque tout ce qui est attribué au gouvernement.

Pour comprendre la nature & la quantité de

gouvernemens nécessaires à l'homme, il faut faire attention à son caractere. Comme la nature l'a créé pour la société, elle l'a fait propre à l'état qu'elle lui destinoit; elle a dans tous les cas rendu ses besoins naturels plus grands que ses pouvoirs individuels. Aucun homme ne sauroit, sans l'assistance de la société, satisfaire ses propres besoins; & ces besoins, agissant sur tous les individus, les poussent vers la société, aussi naturellement que la gravitation marche vers un centre.

Mais elle a été plus loin. Elle a forcé l'homme à l'état de société non-seulement par une multitude de besoins, que des secours réciproques peuvent satisfaire; elle a outre cela planté en lui un système d'affections qui, quoiqu'elles ne soient pas nécessaires à son existence, sont essentielles à son bonheur. Il n'y a aucune période de la vie où cet amour de la société cesse d'agir. Il commence & finit avec notre existence.

Si nous examinons attentivement, la composition & le caractere de l'homme, la variété de ses besoins & la variété de talens dans les différens hommes pour suppléer aux besoins les uns des autres; si nous considérons son inclination pour la société, & conséquemment pour conserver les avantages qui en résultent, nous découvrirons aisément qu'une grande partie de ce que l'on appelle gouvernement n'est qu'une imposition.

Le gouvernement n'est nécessaire que pour suppléer au petit nombre de cas qui ne sont pas convenablement de la compétence de la société & de la civilisation; et il ne manque pas d'exemples pour prouver que tout ce que le gouvernement peut ajouter d'utile à cela, a été fait par le consentement général de la société, sans le secours du gouvernement.

Il n'y eut pas de forme de gouvernement établie pendant plus de deux ans dans plusieurs des États de l'Amérique, après le commencement de la guerre contre l'Angleterre. L'ancienne avoit été abolie, & le pays étoit trop occupé de sa défense pour pouvoir donner son attention à l'établissement d'un nouveau gouvernement : cependant durant tout ce tems-là, l'ordre & l'harmonie s'y maintinrent avec autant de précision que dans aucun état de l'Europe. Il y a dans l'homme une certaine aptitude (qui est plus grande encore dans la société, parce qu'elle embrasse une variété plus considérable de talens & de ressources,) pour s'accommoder à toutes les situations dans lesquelles il se trouve. Du moment où le gouvernement formel cesse, la société commence à agir. Il se forme une association générale, &

l'intérêt commun produit la sûreté commune.

Il s'en faut tellement que l'abolition de tout gouvernement formel entraîne la dissolution de la société, comme on l'a prétendu, qu'elle produit un effet contraire, & qu'elle en resserre les liens. Toute cette partie de son organisation que la société avoit confiée à son gouvernement retombe alors sur elle, & est mue par sa médiation. Quand les hommes, par l'influence naturelle, & par des avantages réciproques, ont été habitués à l'état de société & de civilisation, il leur reste assez de ses principes pour les conduire pendant qu'ils font les réformes qu'ils jugent nécessaires ou convenables dans leur gouvernement. En un mot, l'homme est tellement fait pour la société, qu'il est presqu'impossible de l'en faire sortir.

Un gouvernement formel ne forme qu'une bien petite partie de l'état de civilisation ; & quand on a même établi le meilleur gouvernement que la sagesse humaine puisse suggérer, c'est plutôt une chose idéale que réelle. C'est des principes fondamentaux de la société & de la civilisation ; — Des usages communs universellement consentis & maintenus réciproquement ; — De la circulation continuelle des intérêts qui, passant à travers un million de canaux, donnent de la vigueur à toute la masse des êtres civilisés ;

— C'est de ces choses, dis-je, plutôt que de tout ce que le meilleur gouvernement peut faire, que dépendent la sûreté & la prospérité des individus et de la société entiere. Plus les hommes sont civilisés, moins ils ont besoin de gouvernement, parce qu'ils sont plus propres à conduire leurs affaires & à se gouverner eux-mêmes; mais la pratique des anciens gouvernemens est tellement contraire à cette maxime, que leurs dépenses augmentent en proportion de ce qu'elles devroient diminuer. L'état civilisé n'a besoin que d'un petit nombre de lois générales & si universellement utiles, qu'elles produisent les mêmes effets sans la contrainte du gouvernement. Si on examine les principes qui forment d'abord les sociétés, et les motifs qui reglent ensuite la correspondance mutuelle des associés, on verra qu'au moment où on arrive à établir ce que l'on appelle un gouvernement, presque le tout étoit fait par l'opération naturelle des parties les unes sur les autres.

L'homme, par rapport à toutes ces choses, est plus conséquent qu'il ne s'imagine, ou que les gouvernemens ne voudroient lui faire croire. Toutes les grandes lois de la société sont des lois de la nature. Celles du commerce, soit par rapport à la correspondance entre les individus ou entre les nations, sont des lois d'un intérêt mutuel & réciproque. Les hommes les suivent & y obéissent, parce que c'est l'intérêt des parties de le faire, & non pas parce qu'elles sont formellement émanées de leurs gouvernemens.

Mais combien de fois cette propension naturelle vers la société est-elle troublée ou détruite par les opérations du gouvernement! Quand celui-ci, au lieu d'être fondé sur les principes de la premiere, prétend exister pour lui-même & favorise ou opprime avec partialité, il devient la cause des maux qu'il devroit empêcher.

Si nous jetons un coup-d'œil rétrograde sur les troubles & les tumultes qui ont eu lieu, dans différens tems, en Angleterre, nous trouverons qu'ils ne sont pas arrivés faute de gouvernement, mais que le gouvernement les a lui-même produits : au lieu de consolider la société, il l'a divisée; il l'a privée de sa liaison naturelle, & a engendré des désordres & des mécontentemens qui n'auroient pas autrement existé. Dans ces associations que les hommes forment pour le commerce ou pour d'autres affaires, dans lesquelles le gouvernement n'est pour rien, & où ils agissent simplement selon les principes de la société, on voit comment les différentes parties

sont

sont naturellement réunies ; & cela démontre comparativement que les gouvernemens, loin d'être toujours la cause ou le moyen de l'ordre, en sont souvent la destruction. Les troubles de 1780 n'avoient d'autre source que les restes de ces préjugés que le gouvernement avoit lui-même encouragés. Mais quant à l'Angleterre, il y a outre cela d'autres causes.

L'excès & l'inégalité de l'impôt, quelque déguisée que soit la manière de le percevoir, produisent toujours des effets sensibles; comme ils appauvrissent & mécontentent une partie considérable de la société, ces gens-là sont toujours sur le point d'une insurrection ; &, privés, comme ils le sont malheureusement, des moyens d'instruction, ils s'échauffent & se portent aisément à des excès. Quelle que soit la cause apparente de toutes les commotions, la véritable est toujours un manque de bonheur ; cela prouve qu'il y a quelque chose de mauvais dans le systême du gouvernement, qui trouble le bonheur par lequel la société doit être conservée.

Mais, comme les faits valent mieux que les argumens, l'exemple de l'Amérique confirme ces observations. S'il existe sur la terre un pays où, selon les calculs ordinaires, on doive peu s'attendre à l'harmonie, c'est sûrement l'Amérique.

B

Composée d'hommes de différentes nations (1), accoutumés à différentes formes de gouvernement, parlant des langues différentes, & plus différens encore dans les formes du culte, il paroîtroit que l'union d'un pareil peuple seroit impraticable ; mais par la simple opération de fonder le gouvernement sur les principes de la société & les droits de l'homme, toutes les difficultés s'évanouissent, & toutes les parties sont parfaitement d'accord. Là, le pauvre n'est pas opprimé, ni le

---

(1) Cette partie de l'Amérique, généralement appelée Nouvelle Angleterre, comprenant New-Hampshire, Massachusets, Rhode-Island & Connecticut, est principalement peuplée de descendans d'Anglais. Dans l'Etat de la Nouvelle York, il y a environ la moitié d'Hollandais ; le reste est composé d'Anglais, d'Ecossais & d'Irlandais. Dans la Nouvelle Jersey, c'est un mélange d'Anglais & d'Hollandais, avec quelques Ecossais & Irlandais. Dans la Pensylvanie, il y a environ un tiers d'Anglais, un autre tiers d'Allemans, & le reste est composé d'Ecossais, d'Irlandais & de Suédois. Les Etats du Midi ont une plus grande proportion d'Anglais que ceux du milieu, mais il y a par-tout un mélange ; & outre ceux dont nous avons déjà parlé, il y a un nombre considérable de Français, & quelques personnes de toutes les nations européennes situées sur les côtes. La secte la plus nombreuse, en fait de religion, est celle des Presbitériens ; mais il n'y a point de secte privilégiée, & tous les hommes sont également citoyens.

riche privilégié. L'industrie n'est pas mortifiée par l'extravagance pompeuse d'une cour qui se divertit à ses dépens. Les Américains ont très-peu d'impôts, parce que leur gouvernement est juste; & comme il n'y a rien pour les rendre malheureux, il n'y a rien qui puisse occasionner des tumultes & des insurrections.

Un métaphysicien, comme M. Burke, se seroit mis l'esprit à la torture pour découvrir comment on pourroit gouverner un pareil peuple. Il auroit supposé qu'il falloit diriger les uns par la fraude, les autres par la force, & tous, enfin, par quelqu'invention; qu'il falloit louer des gens d'esprit pour en imposer aux ignorans, & qu'il étoit nécessaire d'étaler de l'éclat pour captiver le vulgaire, perdu dans l'immensité de ses recherches; il auroit résolu & résolu encore, & finalement il ne se seroit pas aperçu de la route facile & simple qu'il avoit directement sous les yeux.

L'un des grands avantages de la révolution de l'Amérique, fut de conduire à la découverte des principes des gouvernemens & d'en dévoiler les fraudes. Jusqu'alors toutes les révolutions s'étoient opérées dans le cercle étroit des cours, & jamais sur la vaste scene d'une nation. Les parties intéressées avoient toujours été de la classe des courtisans; & quelque fût leur ardeur pour la réforme, ils avoient toujours soigneusement préservé la fraude de leur profession.

Dans tous les cas, ils avoient toujours eu soin de représenter le gouvernement comme une chose mystérieuse, dont ils avoient seuls le secret; & ils avoient toujours caché à la nation la seule chose qu'il lui étoit avantageux de connoître, *savoir, que le gouvernement n'est qu'une association nationale, agissant selon les principes de la société.*

Après m'être efforcé de prouver que l'état social & civilisé est seul capable de faire presque tout ce qui est nécessaire pour sa protection & son gouvernement, il sera à propos, d'un autre côté, de passer en revue les anciens gouvernemens actuels, & d'examiner si leurs principes & leur pratique correspondent à cela.

CHAPITRE II.

De l'origine des anciens Gouvernemens actuels.

IL est impossible que les gouvernemens qui ont jusqu'ici existé dans le monde, ayent commencé par aucun autre moyen que par la violation entiere de tous les principes sacrés & moraux. L'obscurité dont leur origine est enveloppée, marque l'iniquité & la disgrace par lesquelles ils ont commencé. L'origine des gouvernemens actuels de l'Amérique & de France ne s'oubliera jamais, parce qu'il est honorable de la retracer ; mais quant aux autres, la flatterie même les a consignés dans le tombeau du tems sans inscription.

Il n'étoit pas bien difficile, dans les premiers siècles du monde, tandis que les hommes étoient principalement occupés du soin de faire paître les troupeaux, à une bande de brigands, de parcourir un pays & de le mettre à contribution. Leur pouvoir ainsi établi, le chef de la bande tâcha de substituer le nom de monarque à celui de voleur; & voilà l'origine de la monarchie & des rois.

L'origine du gouvernement d'Angleterre, quant à ce qui regarde ce que l'on appelle la ligne de sa monarchie, étant un des plus récens, est peut-être la mieux connue. Il faut que la haine, que l'invasion & la tyrannie des Normands avoient excitée, ait été bien invétérée, puisqu'elle a survécu au stratagême inventé pour l'effacer. Quoiqu'aucun courtisan ne parle de la cloche *du couvre-feu*, il n'y a pas un village d'Angleterre qui l'ait oubliée.

B 3

Ces bandes de brigands ayant partagé le monde, & l'ayant divisé en Etats, commencerent, comme il arrive ordinairement, à se quereller entr'eux. D'autres crurent qu'il étoit auſſi légitime de prendre ce que l'on avoit d'abord obtenu par la violence, & un second pillage succéda au premier. Ils envahirent alternativement les dominations que chacun d'eux s'étoit appropriées, & la férocité avec laquelle ils se traiterent les uns les autres, démontre assez le caractere originaire de la monarchie. C'étoit un brigand qui en tourmentoit un autre. Le conquérant regardoit le vaincu, non pas comme son prisonnier, mais comme sa propriété. Il le conduisoit en triomphe chargé de chaînes, & le condamnoit, selon son plaisir, à l'esclavage ou à la mort. A mesure que le tems étendit son voile sur leur origine, leurs ſucceſſeurs prirent un nouvel extérieur pour trancher le fil de leur disgrace; mais leurs principes & leurs objets furent toujours les mêmes. Ce qui d'abord étoit un pillage, prit le nom plus doux de revenu ou d'impôt, & ils affecterent d'hériter un pouvoir qu'ils avoient dans l'origine usurpé.

Que pouvoit-on attendre de gouvernemens qui avoient ainsi commencé, sinon un système continuel de guerres & d'extorsions? Ils s'en sont fait un commerce. Ce vice n'est pas plus particulier à l'un qu'à l'autre, mais c'est le principe commun de tous. Il n'y a pas, dans de pareils gouvernemens, une seule tige sur laquelle on puisse greffer une réforme; & le remède le plus court & le plus efficace, c'est de recommencer de nouveau.

Quelles scènes d'horreur, quel vaste catalogue d'iniquités se présentent, lorsque l'on jette les yeux sur l'histoire de ces gouvernemens! Si l'on vouloit peindre la nature humaine avec les caracteres de la bassesse & de l'hypocrisie, ce seroit le portrait des rois, des cours & des cabinets qu'il faudroit faire. L'homme naturel, malgré tous ses défauts, ne pourroit pas servir au tableau.

Est-il possible de supposer que, si les gouvernemens avoient été fondés sur de justes principes, & n'avoient pas d'intérêt à en suivre d'injustes, le monde auroit été dans la misérable & discordante situation dans laquelle nous l'avons vu? Quel avantage avoit le fermier, qui suivoit sa charrue, de quitter ses paisibles travaux, pour faire la guerre au fermier d'un autre pays? Quel étoit celui du manufacturier? A quoi leur sert la domination, ou de quelle utilité est-elle à aucune classe d'hommes dans une nation? Ajoute-t-elle un seul arpent aux terres de qui que ce soit, ou en augmente-t-elle la valeur? Les conquêtes & les défaites ne lui coûtent-elles pas également cher, & les conséquences qui en résultent ne sont-elles pas nécessairement une augmentation d'impôts ? — Quoique ces argumens puissent être bons pour une nation, ils ne le sont pas pour un gouvernement. La guerre est la banque de Pharaon des gouvernemens, & les nations sont les dupes.

S'il y a quelque chose de surprenant dans cette misérable scène de gouvernemens, ce sont les progrès que les arts paisibles de l'agriculture, des manufactures & du commerce ont faits sous cette longue suite de découragemens & d'oppression. Ils servent à prouver que l'instinct n'agit pas plus fortement chez les animaux, que les principes de la société & de la civilisation n'operent chez l'homme. Malgré tous les découragemens, il poursuit son objet, & ne cede qu'aux impossibilités.

CHAPITRE III.

Des anciens & des nouveaux systêmes de gouvernement.

RIEN ne sauroit paroître plus contradictoire que les principes selon lesquels les anciens gouvernemens ont commencé, & l'état auquel la société, la civilisation & le commerce sont capables de porter les hommes. Le gouvernement, selon l'ancien systême, est une *assomption* de pouvoir, qui cherche à s'augmenter; selon le nouveau, c'est une délégation de pouvoir pour l'avantage commun de la société. Le premier se soutient en entretenant un système de guerre; le dernier maintient un système de paix, comme le seul moyen d'enrichir une nation. L'un encourage les préjugés nationaux; l'autre desire la société universelle, comme un moyen de commerce universel. L'un estime sa prospérité sur la quantité de revenus qu'il extorque; l'autre prouve son excellence par le peu de taxes qu'il exige.

M. Burke a parlé d'anciens & de nouveaux Whigs. S'il peut s'amuser de noms & de distinctions puériles, je n'interromprai pas ses amusemens. Ce n'est pas à lui, mais à l'abbé Sieyes que j'adresse ce chapitre. Je me suis engagé avec ce dernier de discuter le sujet du gouvernement monarchique; & comme il se présente naturellement en comparant les anciens systèmes avec les nouveaux, je saisis cette occasion de lui offrir mes observations. Je dirai de tems en tems un mot à M. Burke en passant.

Quoique l'on puisse prouver que le systême de

gouvernement, que l'on appelle aujourd'hui NOU-VEAU, soit en principe le plus ancien qui ait jamais existé, puisqu'il est fondé sur les droits originaires & imprescriptibles de l'homme : cependant comme la tyrannie & l'épée ont suspendu pendant tant de siècles l'exercice de ces droits, il vaudra mieux, pour ne pas se tromper, l'appeler le *nouveau*, que de réclamer le droit de l'appeler l'ancien.

La première distinction générale entre ces deux systêmes, c'est que celui que nous appelons l'ancien, est *héréditaire*, en tout ou en partie, & que le nouveau est entièrement *représentatif*. Il rejette tout gouvernement héréditaire.

D'abord, comme une imposition.

Secondement, comme insuffisant aux fins pour lesquelles le gouvernement est nécessaire.

Revenons au premier chef. — On ne sauroit prouver sur quel droit le gouvernement héréditaire a commencé; & il n'y a pas même au pouvoir des hommes un droit de l'établir. L'homme n'a aucune autorité sur la postérité en fait de droit personnel; conséquemment aucun homme, ni aucun corps d'hommes, n'eut jamais, ou ne sauroit avoir un droit d'établir un gouvernement héréditaire. Si nous devions même renaître nous-mêmes, au lieu d'être succédés par la postérité, nous n'avons pas le droit de nous priver maintenant d'un droit qui nous appartiendroit alors. Sur quoi fondés, donc, prétendons-nous en priver les autres ?

Tout gouvernement héréditaire est par sa nature une tyrannie. Une couronne ou un trône héréditaire, quel que soit le nom imaginaire que l'on puisse donner à de pareilles choses, n'a point d'autre signification, sinon que le genre humain est une propriété qui peut s'hériter. Hériter un gouvernement, c'est hériter les peuples, comme s'ils étoient des troupeaux de bestiaux.

Quant au second chef, *savoir* qu'un gouvernement héréditaire est insuffisant aux fins pour lesquelles le gouvernement est institué, nous n'avons, pour le prouver, qu'à examiner ce qu'est essentiellement le gouvernement, & à le comparer avec les circonstances auxquelles une succession héréditaire est sujette.

Le gouvernement doit toujours être dans un état de maturité. Il doit être construit de manière à être supérieur à tous les accidens auxquels le simple individu est sujet ; donc la succession héréditaire, étant *sujette à tous ces accidens*, est la plus irrégulière & la plus imparfaite de tous les systêmes de gouvernement.

Nous avons entendu appeler *les droits de*

l'homme un système de nivellement; mais le seul système, auquel le mot *nivellement* soit applicable, est le système de la monarchie héréditaire. Il admet indistinctement toutes sortes de caractères à la même autorité. Le vice & la vertu, l'ignorance & la sagesse, en un mot toutes les qualités, bonnes ou mauvaises, sont mises au même niveau. Les rois se succèdent non pas comme des êtres raisonnables, mais comme des animaux. Leur caractère moral & leurs facultés spirituelles, sont des choses indifférentes. Devons-nous donc être surpris de l'état abject de l'esprit humain dans les monarchies, lorsque le gouvernement est fondé sur un système de nivellement aussi abject. — Il n'a pas de caractère fixe; aujourd'hui c'est une chose, demain une autre. Il change avec le caractère de chaque successeur, & est sujet à toutes les variations de chacun d'eux. C'est un gouvernement qui agit par la médiation des accidens & des passions. Il paroît sous les différens caractères de l'enfance, de la décrépitude & du radotage; un être à nourrice, à la lisière, ou sur des béquilles; il est l'inverse de l'ordre parfait de la nature; il fait souvent dominer des enfans sur des hommes faits, & les préventions de la jeunesse sur la sagesse & l'expérience. En un mot on ne sauroit concevoir une forme de gouvernement plus ridicule que celle que présente la succession héréditaire dans tous les cas.

S'il pouvoit y avoir un décret dans la nature, ou un édit enregistré au ciel, & que l'homme pût le connoître, que la vertu & la sagesse appartinssent invariablement à la succession héréditaire, toutes les objections seroient résolues; mais quand on voit que la nature agit comme si elle désavouoit & ridiculisoit le système héréditaire; que les facultés mentales des successeurs, dans tous les pays, ne sont pas au pair de l'entendement humain; que l'un est un tyran & l'autre un imbécille, un troisième un fou, & que quelques-uns réunissent ces trois qualités, il est impossible d'avoir de la confiance en un pareil système, quand il est au pouvoir de la raison d'agir.

Ce n'est pas à l'abbé Sieyes que j'ai dessein d'appliquer ce raisonnement : il m'en a épargné la peine, en donnant son opinion là-dessus.

« Si l'on me demande, dit-il, quelle est
» mon opinion par rapport au droit héréditaire,
» je répondrai, sans hésiter, qu'en bonne
» théorie, une transmission héréditaire de
» pouvoir ou de places, ne sauroit jamais s'ac-
» corder avec les lois d'une véritable représen-
» tation. L'hérédité est, en ce sens, autant un
» attentat contre le principe qu'un outrage à la

» société ; mais examinons, continue-t-il, l'his-
» toire de toutes les monarchies & de toutes les
» principautés électives ; en existe-t-il une dans
» laquelle le mode d'élection ne soit pas pire que
» la succession héréditaire » ?

Discuter qu'elle est la pire, c'est admettre qu'elles sont toutes deux mauvaises ; & en cela nous sommes d'accord. La préférence que l'abbé a donnée fait la condamnation de la chose qu'il préfere. Une pareille méthode de raisonner sur un sujet est inadmissible, parce que c'est en derniere analyse accuser la providence de n'avoir laissé à l'homme aucun autre choix par rapport au gouvernement que celui de deux maux dont le moindre est « *un attentat contre le principe, & un ou-*
» *trage à la société* ».

Sans entrer, pour le présent, dans aucun détail des maux & des malheurs que la monarchie a occasionnés dans le monde, rien ne démontre plus clairement son inutilité dans un état de *gouvernement civil*, que de la rendre héréditaire: rendrions-nous héréditaire aucun office qui exige de la sagesse & de l'habileté ?

Or, une place où il ne faut ni sagesse ni talens, quelle qu'elle soit, est superflue & peu importante.

La succession héréditaire est une plaisanterie

sur la monarchie. Elle la place sous le point de vue le plus ridicule, en la présentant comme un poste qu'un enfant ou qu'un imbécille peut remplir. Il faut quelques talens pour être ouvrier; mais pour être roi, il ne faut qu'avoir la figure humaine, être une espèce d'automate vivant. Cette sorte de superstition peut encore durer quelques années, mais elle ne sauroit long-tems résister à la raison vigilante & à l'intérêt des hommes.

Quant à M. Burke, c'est un défenseur de la monarchie, non seulement comme pensionnaire, s'il en est un, & je le crois, mais même comme politique. Il a adopté une fort mauvaise opinion du genre humain, qui, à son tour, a la même opinion de lui. Il considère les hommes comme des bestiaux qu'il faut gouverner par la fraude, par des représentations & par du brillant; & selon lui une idole, seroit une aussi bonne figure pour une monarchie qu'un homme. Je lui rendrai cependant la justice de dire qu'au sujet de l'Amérique, il a toujours fait beaucoup de complimens. Il a toujours soutenu, au moins, en ma présence, que le peuple de l'Amérique étoit plus éclairé que celui d'Angleterre, ou d'aucun autre pays de l'Europe, & que conséquemment il n'étoit pas nécessaire de lui en imposer par de l'éclat pour le gouverner.

Quoique la comparaison entre la monarchie héréditaire & la monarchie élective, faite par l'abbé Sieyes, soit inutile, parce que le système *représentatif* les rejette toutes deux; cependant si j'en faisois moi-même la comparaison, je deciderois d'une maniere contraire à la sienne.

Les guerres civiles qu'ont occasionnées les droits héréditaires contestés, sont plus nombreuses, & ont été plus terribles & plus longues que celles occasionnées par les élections. Toutes les guerres civiles de France furent causées par le système héréditaire; elles furent produites ou par des réclamations d'hérédité, ou par l'imperfection de la forme héréditaire, qui admet des régences, ou des monarchies à la lisière; quant à l'Angleterre, son histoire fourmille des mêmes malheurs. La contestation pour la succession entre les maisons d'York & de Lancastre, dura un siecle entier; & d'autres, du même genre, ont eu lieu depuis cette époque; celles de 1715 & de 1745 étoient de la même nature. La guerre de succession pour la couronne d'Espagne, arma presque toute l'Europe. Les troubles de la Hollande viennent de l'hérédité du Stathouder. Un

gouvernement

gouvernement qui s'appelle libre, avec une place héréditaire, ressemble à une épine dans la chair qui produit une fermentation qui tâche de la faire sortir.

Je pourrois aller plus loin, & attribuer toutes les guerres étrangeres à la même cause. C'est en ajoutant le mal de l'hérédité à celui de la monarchie, qu'on crée un intérêt permanent de famille, dont les objets constans sont la domination & le revenu. La Pologne, quoique monarchie élective, a eu moins de guerres que les monarchies héréditaires; & c'est le seul gouvernement qui ait fait un essai volontaire, quoique peu considérable, pour réformer la condition du pays.

Après avoir jeté un coup d'œil rapide sur quelques-uns des défauts des systêmes anciens & héréditaires de gouvernement, comparons-les avec le nouveau, ou avec le systême représentatif.

Le systême représentatif prend la société & la civilisation pour bases; la nature, la raison & l'expérience pour guides.

L'expérience de tous les siecles & de tous les pays, a démontré qu'il est impossible de contrôler la nature dans la distribution des facultés spirituelles. Elle les accorde comme il lui plaît; quelle que soit la règle selon laquelle elle les répand, en apparence, parmi les hommes, cette règle est un secret pour l'homme. Il seroit aussi ridicule de

C

tenter de fixer l'hérédité de la beauté que celle de la sagesse. Quelle que soit la sagesse, c'est comme une plante sans semence; on peut la cultiver quand elle paroît, mais on ne sauroit la reproduire à volonté. Il y en a toujours une quantité suffisante à toutes les fins dans la masse de la société; mais elle n'a pas de point fixe; elle varie continuellement. Aujourd'hui elle paroît dans un homme, demain dans un autre, & elle a probablement passé successivement dans toutes les familles de la terre qu'elle a aussi successivement abandonnées.

Comme c'est-là l'ordre de la nature, l'ordre du gouvernement doit nécessairement le suivre, autrement le gouvernement dégénere, comme nous le voyons, en ignorance; c'est pourquoi le système héréditaire répugne autant à la sagesse humaine qu'aux droits des hommes, & est aussi absurde qu'il est injuste.

Comme la république des lettres engendre les meilleures productions littéraires, en donnant au génie une chance universelle; de même le système représentatif de gouvernement est calqué pour produire les meilleures lois, en recueillant la sagesse par-tout où elle se trouve.

Je ris en moi-même, quand je considère combien la littérature & les sciences seroient dégénérées, si on les avoit rendu héréditaires, & je porte les mêmes idées dans les gouvernemens. Un gouverneur héréditaire est aussi absurde qu'un auteur héréditaire. Je ne sais pas si Homère ou Euclide avoit des enfans; mais j'ose assurer que s'ils en avoient, & qu'ils eussent laissé leurs ouvrages imparfaits, ces enfans ne les auroient pas achevés.

Avons-nous besoin d'une plus grande preuve de l'absurdité du gouvernement héréditaire qu'en considérant les descendans de ces hommes autrefois célèbres dans un genre quelconque? Se trouve-t-il presqu'un exemple où leur caractère n'ait point été l'inverse de celui de leurs pères? Il sembloit que le courant des facultés spirituelles avoit coulé aussi loin que possible dans certains canaux, qu'il avoit ensuite abandonné sa course pour entrer dans d'autres. Que le système héréditaire est donc irraisonnable, puisqu'il établit des canaux de pouvoir, dans lesquels la sagesse refuse de couler! En continuant cette absurdité, l'homme est perpétuellement en contradiction avec lui-même; il accepte pour roi, pour magistrat suprême ou pour législateur, un homme qu'il ne voudroit pas choisir pour huissier.

Il paroît que les révolutions produisent des talens & du génie; mais ces événemens ne font que les mettre en avant. Il y a dans l'homme une masse d'esprit qui dort, & qui, si elle n'a jamais d'occasion d'être mise en mouvement, descend ainsi dans le tombeau avec lui. Comme il est avantageux à la société que toutes ses facultés soient employées, la construction du gouvernement doit être telle qu'elle puisse mettre au jour, par une opération réguliere & tranquille, toute cette étendue de capacité qui ne manque jamais de paroître dans les révolutions.

Cela ne sauroit avoir lieu dans l'état insipide du gouvernement héréditaire, non-seulement parce qu'il empêche cette capacité de paroître, mais parce qu'il tend à engourdir. Quand l'esprit d'une nation est assujetti à quelque superstition politique de son gouvernement, telle que la succession héréditaire, il perd une grande partie de sa vigueur, par rapport aux autres sujets ou objets. La succession héréditaire exige la même obéissance à l'ignorance qu'à la sagesse ; & quand une fois l'esprit est amené à payer indistinctement ce respect, il s'abaisse au-dessous du niveau de l'homme pensant; il n'est plus propre qu'à être grand dans les petites choses. Il se trompe lui-même, & étouffe les sensations qui tendent à lui faire découvrir la fourberie.

Quoique les anciens gouvernemens nous offrent un misérable tableau de la condition de l'homme, il y en a un sur-tout qui n'entre point dans cette description générale. C'est la démocratie d'Athènes. On voit plus de choses à admirer & moins à blâmer chez ce peuple grand & extraordinaire, que dans tout ce que l'histoire nous présente.

M. Burke est si peu instruit des principes constituans du gouvernement, qu'il confond la démocratie & la représentation. La représentation étoit une chose inconnue dans les démocraties anciennes ; la masse du peuple s'assembloit & faisoit des lois (pour parler grammaire) à la premiere personne. La simple démocratie n'étoit autre chose que la maison commune des anciens ; elle signifie la *forme* ainsi que le principe public du gouvernement. Lorsque ces démocraties augmentèrent en population, & se répandirent sur une plus grande étendue de territoire, la simple forme démocratique devint impraticable ; & comme le système de représentation étoit inconnu, il s'ensuivit qu'elles dégénérèrent en monarchies, ou qu'elles se fondirent dans celles qui existoient déjà. Si l'on avoit alors compris le système représentatif, comme aujourd'hui, il n'y a pas lieu de croire que ces formes de gouvernement, que l'on appelle aujourd'hui monarchiques ou aristocratiques, eussent jamais existé ; ce fut le manque de quelque méthode pour consolider les parties de la société, lorsqu'elle devint trop nombreuse & trop éparse pour la simple forme démocratique, ainsi que la condition isolée des bergers & des pâtres dans d'autres parties du monde, qui fournit une occasion d'élever ces formes de gouvernemens contraires à la nature.

Comme il est nécessaire de balayer les ruines des erreurs sous lesquelles le sujet du gouvernement a été enseveli, je vais continuer mes remarques sur quelques autres.

Les courtisans & les gouvernemens avec des cours ont toujours eu la ruse politique d'invectiver une chose qu'ils appellent républicanisme ; mais ils n'ont jamais tenté d'expliquer ce qu'étoit le républicanisme ; examinons un peu ce que c'est.

Les seules formes de gouvernement sont la démocratique, l'aristocratique, la monarchique, & ce que l'on appelle aujourd'hui la représentative.

Ce que l'on appelle *république* n'est pas une forme particuliere de gouvernement, c'est seulement le caractère du but ou de l'objet pour lequel le gouvernement doit être établi, & auquel il doit être employé.

RES PUBLICA, les affaires publiques, ou le bien public, ou, selon la traduction littérale, la *chose publique*, c'est un mot d'une bonne originé, qui a rapport à ce qui doit être le caractere & l'emploi du gouvernement, & dans ce sens il est naturellement opposé au mot *monarchie*, qui a une origine vile & basse. Ce dernier veut dire le pouvoir arbitraire dans un seul individu, dans l'exercice duquel son objet n'est pas la *res publica*, mais son intérêt particulier.

Tout gouvernement qui n'agit pas selon le principe d'une *république*, ou, pour parler en d'autres termes, qui ne fait pas de la *chose publique* son seul & unique objet, n'est pas un bon gouvernement. Un gouvernement républicain n'est rien autre chose qu'un gouvernement établi & dirigé pour l'intérêt public, individuellement & collectivement ; il n'est pas nécessairement lié avec aucune forme particuliere ; mais il se lie plus naturellement avec la forme représentative, parce qu'elle est mieux calquée pour assurer les fins pour lesquelles une nation fait la dépense de le soutenir.

Différentes formes de gouvernement ont affecté de prendre le nom de république. La Pologne s'appelle république, quoique ce soit une aristocratie héréditaire, avec ce que l'on appelle une monarchie élective. La Hollande s'appelle république, & c'est principalement une aristocratie, avec un stathouder héréditaire ; mais le gouvernement de l'Amérique, qui est entièrement selon le système de représentation, est la seule république réelle qui existe aujourd'hui ; son gouvernement n'a point d'autre objet que les affaires de la nation, & conséquemment c'est dans toute l'étendue du terme une république ; & les Américains ont pris soin que *ces affaires* seules soient toujours l'objet de leur gouvernement, en rejetant tout ce qui étoit héréditaire, & en établissant leur gouvernement uniquement sur le système représentatif.

Ceux qui ont dit qu'une république n'étoit pas une *forme* de gouvernement, propre à des pays d'une grande étendue, ont d'abord erré, en prenant les *affaires* d'un gouvernement pour une *forme* de gouvernement ; car la chose publique appartient également à une étendue quelconque de territoire & à la plus grande population ; en second lieu, s'ils ont voulu dire *la forme*, ils ont sûrement entendu la simple forme démocratique qui existoit chez les anciens, où la représentation étoit inconnue.

La position pour lors n'est plus, qu'une république ne sauroit être grande, mais qu'elle ne sauroit être fort étendue sous la simple forme démocratique ; & la question se réduit naturellement à ceci : *quelle est la meilleure forme de gouvernement pour conduire la* RES PUBLICA, *ou la* CHOSE PUBLIQUE *d'une nation, lorsqu'elle est devenue trop grande & trop nombreuse pour la simple forme démocratique ?*

Ce ne sauroit être la monarchique, parce que la monarchique est sujette à une objection semblable à celle qu'on a faite à la simple forme démocratique.

Il est possible qu'un individu pose un syftême de principes sur lesquels le gouvernement soit constitutionnellement établi dans une vaste étendue de territoire; ce n'est-là qu'une opération de l'esprit qui fait usage de ses pouvoirs; mais la pratique applicable, selon ces principes, aux nombreuses & diverses circonstances d'une nation, à son agriculture, ses manufactures, son trafic & son commerce, demande des connoissances d'un genre différent, & que l'on ne sauroit puiser que dans les différentes parties de la société. C'est une collection des connoissances-pratiques qu'aucun simple individu ne sauroit avoir; c'est pourquoi la forme monarchique est aussi limitée dans la pratique utile, à cause du manque de connoissances, que la forme démocratique l'est, à cause de la trop grande population; l'une, par l'étendue, dégénère en confusion, & l'autre en ignorance & en incapacité, & toutes les grandes monarchies en fournissent la preuve. La forme monarchique ne sauroit donc être un substitut de la forme démocratique, parce qu'elle est sujette aux mêmes inconvéniens.

Elle le peut encore moins quand on la rend héréditaire. C'est de toutes les formes celle qui est la plus susceptible d'exclure la sagesse. L'esprit vraîment démocratique ne s'est jamais soumis volontairement à être gouverné par des enfans ou par des imbécilles, ni par toutes les nuances extravagantes de caractères qui accompagnent un systême aussi stupide, qui fait la disgrace & la honte de la raison & de l'homme.

Quant à la forme aristocratique, elle a les mêmes vices & les mêmes défauts que la monarchique, excepté qu'il y a une plus grande chance d'y trouver plus de talens à cause du nombre de membres qui la composent; mais néanmoins il n'y a aucune sûreté qu'ils seront justement appliqués (1).

En remontant donc à la simple démocratie originaire, elle nous fournira la vraie base sur laquelle on peut asseoir un gouvernement d'une vaste étendue. La simple democratie n'est pas

---

(1) On renvoye le lecteur à la première partie des *Droits de l'Homme*, pour le caractère de l'aristocratie, page 70.

susceptible de s'étendre à cause de l'inconvenance de sa forme; & la monarchie & l'aristocratie ne sauroient non plus convenir à un grand empire, à cause de leur incapacité. En retenant donc la démocratie pour base, & en rejetant les systêmes corrompus de la monarchie & de l'aristocratie, le systême de représentation se présente naturellement, qui remédie, en même tems, aux défauts de la simple démocratie, quant à sa forme, & à l'incapacité des deux autres, quant aux connoissances.

La pure démocratie étoit la société qui se gouvernoit sans l'assistance de moyens secondaires; en greffant la représentation sur la démocratie, nous parvenons à un systême de gouvernement capable d'embrasser & de réunir tous les différens intérêts, l'étendue de territoire & la population quelque nombreuse qu'elle puisse être ; & cela avec des avantages aussi supérieurs au gouvernement héréditaire, que la république des lettres est supérieure à la littérature héréditaire.

C'est sur ce systême que le gouvernement de l'Amérique est fondé. C'est la représentation greffée sur la démocratie. Sa forme est fixée sur une ligne égale, dans tous les cas, à l'étendue du principe. L'Amérique est en grand ce qu'étoit Athènes en miniature : l'une étoit la merveille de l'ancien monde; l'autre devient l'admiration & le modèle du monde présent. C'est la plus intelligible de toutes les formes de gouvernement, & la plus éligible dans la pratique; elle exclut à la fois l'ignorance & le peu de sûreté du système héréditaire, & les inconvéniens de la simple démocratie.

Il est impossible de concevoir un système de gouvernement capable d'agir sur une si vaste étendue de territoire, & d'administrer une aussi grande variété d'intérêts avec autant de célérité que peut le faire le gouvernement *représentatif*. La France, quoique grande & très-peuplée, ne forme qu'un point dans l'immensité de ce système; il peut s'adapter à tous les cas possibles; il est même préférable à la simple démocratie, dans les petits États. Athènes, par la représentation, auroit surpassé sa propre démocratie.

Ce que l'on appelle gouvernement, ou plutôt ce que doit être le gouvernement, n'est autre chose qu'un centre commun, où aboutissent toutes les parties de la société. Cela ne sauroit s'effectuer par aucune méthode plus conforme aux différens intérêts de la société, que par le système représentatif. Il concentre les connoissances nécessaires à l'intérêt des parties & du tout; il place le gouvernement dans un état de maturité parfaite;

Il n'est jamais, comme nous l'avons déjà observé, ni jeune ni vieux. Il n'est sujet ni à l'enfance ni au radotage. Il n'est jamais au berceau ni à béquilles. Il n'admet pas la séparation des connoissances & du pouvoir, & se trouve supérieur, comme le gouvernement doit toujours l'être, à tous les accidens de l'homme individuel, & conséquemment il est bien au-dessus de ce que l'on appelle monarchie.

Une nation n'est pas un corps, dont la figure peut être représentée par le corps humain ; mais c'est un corps renfermé dans un cercle, qui a un centre commun, où aboutissent tous les rayons ; & ce centre est formé par la représentation. Réunir la représentation avec ce que l'on appelle monarchie, c'est faire un gouvernement extravagant. La représentation est elle-même la monarchie déléguée d'une nation, & ne sauroit s'abaisser à la partager avec une autre.

M. Burke s'est, deux ou trois fois, servi, dans ses discours au Parlement & dans ses ouvrages d'un jargon qui n'offre aucune idée. En parlant du gouvernement, il dit : « Il vaut mieux qu'il » ait la monarchie pour base & le républicanisme » pour correctif, que le républicanisme pour base » & la monarchie pour correctif ». — S'il veut dire qu'il vaut mieux corriger la folie par la sagesse que la sagesse par la folie, je n'ai rien autre chose à lui répondre, sinon qu'il vaudroit beaucoup mieux rejeter entièrement la folie.

Mais quelle est cette chose que M. Burke appelle monarchie? Veut-il bien nous l'expliquer? Tout le monde entend fort bien ce que c'est que la représentation, & qu'elle doit nécessairement renfermer une variété de connoissances & de talens. Mais quelle certitude y a-t-il que la monarchie possédera les mêmes qualités? Ou quand cette monarchie est un enfant, où est alors la sagesse? Que fait-il du gouvernement? Qui est alors le monarque, & où est la monarchie? Si elle doit être représentée par une régence, cela prouve que c'est une farce. Une régence est une espèce ridicule de république, & toute la monarchie ne mérite pas d'autre nom. C'est une chose aussi variable que l'imagination peut se la présenter. Elle n'a rien de la stabilité que le gouvernement doit posséder. Chaque succession est une révolution, & chaque régence une contre-révolution. Le tout est une scène perpétuelle des cabales & des intrigues de la cour, dont M. Burke est lui-même l'exemple. Pour que la monarchie pût s'allier avec le gouvernement, il faudroit que le successeur de chaque monarque ne fût jamais enfant, qu'il vînt au monde à l'âge viril, & qu'il fût un Salomon. Il est ridicule que les nations attendent, & que le gouvernement soit interrompu, jusqu'à ce que des enfans soient parvenus à la virilité.

Soit que je n'aie pas le bon sens de voir, ou que j'aie trop d'esprit pour qu'on m'en impose, soit que j'aie trop ou trop peu d'orgueil, ou ce que l'on voudra, il est certain que ce que l'on appelle monarchie, m'a toujours paru comme une chose folle & méprisable. Je la compare à quelque chose cachée derriere un rideau, autour duquel il y a toujours beaucoup de fracas, & un grand air de solemnité; mais qui fait éclater de rire la compagnie lorsque par accident, le rideau s'ouvre, & qu'elle s'aperçoit de ce que c'est.

Rien de pareil ne peut arriver dans le système représentatif. Semblable à la nation, il posséde une consistance perpétuelle de corps & d'esprit, & se présente sur le théâtre du monde d'une manière ferme & mâle. Quels que soient ses perfections ou ses défauts, ils sont également visibles. Il n'existe pas par la fraude & par le mystère; il ne fait pas usage de sophismes ni d'aucun jargon particulier; mais il inspire un langage qui passant successivement dans tous les cœurs, est senti & entendu.

Il faut que nos yeux soient fermés à la raison;

il faut que notre esprit soit singulièrement dégradé pour ne pas nous apercevoir de la folie de ce que l'on appelle une monarchie : la Nature met de l'ordre dans tous ses ouvrages, mais c'est une forme de gouvernement contre nature. Elle renverse sens dessus dessous les progrès des facultés humaines. Elle assujettit les hommes à être gouvernés par des enfans, & la sagesse à être dirigée par la folie.

Au contraire, le système représentatif est toujours conforme à l'ordre & aux lois immuables de la Nature, & répond en tout à la raison de l'homme : par exemple ;

Dans le gouvernement fédératif de l'Amérique, on délegue plus de pouvoir au président des Etats Unis qu'à aucun autre membre du Congrès; c'est pourquoi il ne peut être élu à cette place avant l'âge de trente-cinq ans. A cet âge le jugement est mûr & l'homme a assez vécu pour connoître les hommes & les choses & le pays. — Mais selon le plan monarchique, (outre la multitude de chances qu'il y a contre ceux qui gagnent un lot à la loterie des facultés humaines,) le successeur immédiat, quel qu'il soit, est mis à la tête de la nation & du gouvernement, à l'âge de dix-huit ans. Est-ce-là un acte de sagesse ? Est-ce convenable à la dignité & au caractère mâle d'une nation ? où est la propriété d'appeler ce jeune homme

le

le père du peuple ? Dans tous les autres cas, un homme est mineur jusqu'à l'âge de vingt-un ans ; avant ce tems-là on ne lui confie pas l'administration d'un seul arpent de terre, ou d'un troupeau de moutons, ou de cochons ; mais, chose étonnante, à l'âge de dix-huit-ans on peut lui confier l'administration d'un peuple.

Il est évident, (au moins à moi,) que la monarchie n'est qu'une farce, un simple artifice de cour pour se procurer de l'argent, sous quelque point de vue qu'on puisse l'envisager. Il seroit impossible, selon le système raisonnable du gouvernement représentatif, de faire monter les dépenses à des sommes aussi énormes que cette déception le fait. Le gouvernement n'est pas par lui-même une institution fort dispendieuse. Toute la dépense du gouvernement fédératif de l'Amérique, fondé, comme je l'ai déjà dit, sur le système de la représentation, & qui embrasse un pays presque dix fois aussi grand que l'Angleterre, n'est que de six cens mille dolars, ou trois millions deux cent quarante mille livres tournois.

Je suppose qu'aucun homme qui a le sens commun ne mettra aucun des rois de l'Europe en parallele avec le général Washington. Cependant en France, ainsi qu'en Angleterre, la dépense seule de la liste civile, pour l'entretien d'un seul homme

D

est huit fois plus considérable que toute la dépense du gouvernement fédératif de l'Amérique. Il est presqu'impossible de donner une raison pour cela. La plupart des habitans de l'Amérique, particulièrement les pauvres, sont plus capables de payer les taxes que la généralité des habitans de la France ou de l'Angleterre.

Mais le fait est que le système représentatif répand un si grand corps de lumières dans toute la nation, sur le sujet du gouvernement, qu'il dissipe l'ignorance & prévient la fraude. L'artifice des cours ne sauroit agir sur cette scène. Il n'y a aucune place pour le mystère; il ne peut s'accrocher nulle part; ceux qui ne sont pas représentans connoissent aussi-bien la nature des affaires que ceux qui le sont; l'affectation d'une importance mystérieuse seroit bientôt découverte. Les nations ne sauroient avoir de secrets; & les secrets des cours comme ceux des individus, sont toujours leurs défauts.

Dans le système représentatif, il faut qu'il paroisse toujours une raison pour tout. Chaque homme est propriétaire du gouvernement, & pense que c'est une partie essentielle de ses affaires, de le comprendre, & cela est de son intérêt, parce qu'il s'agit de sa propriété. Il examine les dépenses & les compare avec les avantages; & sur-tout il n'adopte pas la coutume servile de suivre ce que dans les autres gouvernemenson appelle les CHEFS.

Ce n'est qu'en fascinant les yeux des hommes, & en leur faisant croire que le gouvernement est quelque chose de merveilleux & de mystérieux, qu'on peut obtenir des revenus excessifs. La monarchie est bien calquée pour obtenir ces fins. C'est précisément la papauté du gouvernement, une chose entretenue pour amuser les ignorans, & pour les endormir sur les taxes.

Le gouvernement d'un pays libre, à proprement parler, ne gît pas dans les personnes, mais dans les lois. La publication des lois ne coûte pas bien cher; & quand elles sont administrées, tout le gouvernement civil est rempli. — Le reste n'est qu'une invention de la cour.

CHAPITRE IV.

Des Constitutions.

IL est évident que les hommes entendent des choses différentes & séparées, quand ils parlent de constitutions & de gouvernemens, ou pourquoi se servent-ils de ces expressions distinctement &

séparément ? Une constitution n'est pas l'acte du gouvernement, mais d'un peuple qui fait un gouvernement ; & un gouvernement sans constitution, est un pouvoir sans droit.

Tout pouvoir exercé sur une nation, doit avoir eu un commencement. Il faut qu'il ait été délégué ou pris. Il n'y a pas de milieu. Tout pouvoir délégué est un dépôt, & tout pouvoir pris est une usurpation. Le tems ne change pas la nature de l'un ni de l'autre.

En considérant ce sujet, le cas & les circonstances de l'Amérique se présentent à nous comme au commencement du monde ; & nos recherches dans l'origine des gouvernemens sont abrégées, en nous en rapportant aux faits qui ont eu lieu de nos jours. Nous n'avons pas besoin d'aller en quête d'informations dans les plaines obscures de l'antiquité, ni d'hasarder des conjectures. Nous sommes tout-à-coup à portée de voir le gouvernement commencer, comme si nous avions vécu dans le commencement des siècles. Le véritable livre, non pas de l'histoire, mais des faits, est immédiatement devant nous, sans être altéré par l'artifice ou par les erreurs de la tradition.

Je vais ici tracer en deux mots le commencement des constitutions Américaines, qui feront clairement voir la différence entre les constitutions & les gouvernemens.

Il ne sera pas, je crois, inutile de rappeler au lecteur que les États-Unis de l'Amérique, forment treize États séparés, dont chacun fit un gouvernement pour lui-même, après la déclaration d'indépendance faite le 4 Juillet 1776. Chaque Etat agit indépendamment des autres pour former son gouvernement; mais le même principe général fut observé dans tous. Quand les gouvernemens particuliers de chaque Etat furent achevés, ils travaillèrent à former le gouvernement fédératif, qui agit sur la totalité des Etats dans toutes les affaires qui intéressent cette totalité, ou qui ont rapport à la correspondance des différens Etats entr'eux, ou avec les nations étrangeres. Je vais commencer par donner une esquisse du gouvernement d'un des Etats (de celui de Pensylvanie) & ensuite je parlerai du gouvernement fédératif.

L'Etat de Pensylvanie, quoiqu'à-peu-près aussi grand que l'Angleterre, n'étoit alors divisé qu'en douze comtés. Chacun de ces comtés avoit élu un comité au commencement des querelles avec le gouvernement anglais; & comme la ville de Philadelphie, qui avoit aussi son comité, étoit la plus centrale & la plus propre à obtenir promptement des nouvelles, elle devint le centre de communication pour tous les autres comités.

Quand il fut nécessaire de travailler à la formation d'un gouvernement, le comité de Philadelphie proposa une conférence de tous les comités des comtés dans cette ville, & cette conférence eut lieu vers la fin de Juillet 1776.

Quoique ces comités eussent été élus par le peuple, ils n'avoient pas été élus pour faire une constitution, & n'avoient pas de pouvoirs pour cela ; & comme selon les idées de droits adoptées chez les Américains, ils ne pouvoient pas s'arroger de pareils pouvoirs, tout ce qu'ils purent faire, fut de conférer sur ce sujet & de le mettre en train. Les commissaires ne firent donc qu'exposer la nécessité de la chose, & recommander aux différens comités d'élire six représentans par comté, pour former une convention à Philadelphie afin de faire une constitution & de la soumettre à l'examen du public.

Cette convention, dont Benjamin Francklin fut président, s'étant assemblée, & ayant délibéré, & fait le plan d'une constitution, ordonna ensuite qu'elle fût publiée, non pas comme un code de lois, mais pour être examinée par le peuple, approuvée, ou rejetée par lui, & s'ajourna à une époque fixe. Quand le tems de l'ajournement fut expiré, la convention se rassembla ; & comme l'opinion générale du peuple étoit alors connue, & que cette opinion étoit en faveur de la constitution, elle fut signée, scellée & proclamée *de par l'autorité du peuple*, & l'original déposé aux archives. La convention fixa alors un jour pour l'élection générale des représentans, qui devoient composer le gouvernement, & assigna le tems, où il seroit mis en exercice; après cela la convention fut dissoute, & les membres qui la composoient, retournerent à leurs différentes occupations.

Dans cette constitution, on commença par faire une déclaration des droits ; ensuite, on marqua la forme qu'auroit le gouvernement, & les pouvoirs dont il seroit revêtu. On fixa l'autorité des cours de judicature & celle des jurés. — La manière dont se feroient les élections & la proportion de représentans suivant le nombre des électeurs, — le tems que chaque assemblée dureroit, qui fut un an, — la manière de lever l'impôt & de rendre compte de la dépense des deniers publics, — de nommer les officiers publics, &c. &c. &c.

Aucun article de cette constitution ne fut laissé à la discrétion du gouvernement qui devoit suivre; on ne lui permit ni de l'enfreindre, ni de la changer. Ce fut pour ce gouvernement une loi ; mais comme il n'auroit pas été sage de ne pas profiter de l'expérience, pour prévenir aussi un amas d'erteurs, en cas qu'il s'en trouvât, & pour conserver l'harmonie du gouvernement avec les circonstances de l'Etat, dans tous les tems, la constitution pourvut à ce que tous les sept ans, on éliroit une convention pour le dessein formel de reviser la constitution, & d'y faire des changemens, des additions ou des suppressions, en cas que cela fût nécessaire.

On voit ici des procédés réguliers. — Un gouvernement qui sort d'une constitution formée par le peuple dans son caractere originaire, & cette constitution servant non-seulement d'autorité, mais de loi, de contrôle au gouvernement; elle devint la bible politique de l'Etat. A peine se trouva-t-il une famille qui n'en fît pas l'emplette. Chaque membre du gouvernement en avoit un exemplaire; & rien n'étoit plus commun, lorsqu'il s'élevoit quelque débat sur le principe d'un bill, ou sur l'étendue d'aucune espèce d'autorité, que de voir les membres tirer leur constitution de leur poche, & lire le chapitre qui avoit rapport à la matière en question.

Ayant ainsi donné un exemple de l'un des Etats, je vais montrer les procédés par lesquels la constitution fédérative des Etats unis, s'éleva & fut ensuite formée.

Le Congrès, à ses deux premières séances, en

Septembre 1774, & en Mai 1775, n'étoit qu'une députation des législateurs des différentes provinces appelées depuis Etats; & n'avoit d'autre autorité, que celle qui provenoit du consentement commun, & de la nécessité où il étoit d'agir comme un corps public, en tout ce qui concernoit les affaires intérieures de l'Amérique; le Congrès ne fit jamais autre chose, qu'émettre des recommandations aux différentes assemblées provinciales, qui étoient libres de les adopter, ou de les rejeter. Rien n'étoit coercitif de la part du Congrès; cependant dans cette situation, il fut plus fidelement & plus cordialement obéi qu'aucun gouvernement de l'Europe. Cet exemple, comme celui de l'Assemblée nationale de France, prouve assez que la force du gouvernement, ne gît pas en lui-même, mais dans l'attachement d'une nation, & dans l'intérêt que le peuple trouve à le soutenir. Quand ces deux motifs n'existent plus, le gouvernement n'est plus qu'un enfant en pouvoir; & quoique, comme l'ancien gouvernement de France, il puisse pour un tems harasser les individus, il ne fait que faciliter sa propre chûte.

Lorsque l'Amérique eut déclaré son indépendance, il devint nécessaire, selon le principe sur lequel le gouvernement représentatif est fondé, de définir & d'établir l'autorité du Congrès. La question n'étoit pas de savoir si l'autorité du Congrès seroit plus ou moins grande que celle qu'il avoit exercée à discrétion, mais c'étoit une mesure qu'il falloit prendre, parce qu'elle étoit juste.

C'est pourquoi l'acte, appelé l'acte de la fédération, (qui étoit une espèce de constitution fédérative imparfaite,) fut proposé, &, après de longues délibérations, conclu l'année 1781. Ce ne fut pas un acte du Congrès, parce qu'il répugne aux principes du gouvernement représentatif, qu'un corps se donne à lui-même des pouvoirs. Le Congrès informa d'abord les différens Etats, des pouvoirs qu'il croyoit nécessaire d'accorder à l'union, pour la mettre en état de s'acquitter des devoirs & des services qu'on attendroit d'elle ; & les Etats consentirent à accorder ces pouvoirs au Congrès.

Il est à propos d'observer que, dans ces deux cas, (l'un de la Pensylvanie, & l'autre des Etats unis), il n'y eut pas la moindre idée d'un contrat entre le peuple d'une part, & le gouvernement de l'autre. Le contrat fut celui des différentes parties de la nation, les unes avec les autres, pour produire & constituer un gouvernement. Supposer qu'aucun gouvernement, puisse être partie dans un pacte avec tout le peuple, c'est supposer qu'il existe avant d'en avoir le droit. Le seul contrat qui puisse avoir lieu entre le peuple & ceux qui exercent le gouvernement, c'est que le peuple les payera, tant qu'il lui plaira de les employer.

Le gouvernement n'est pas un métier qu'un homme ou un corps d'hommes a droit d'établir & d'exercer pour en faire son profit, mais c'est un dépôt confié par ceux qui en ont le droit, & qu'ils peuvent toujours reprendre. Il n'a par lui-même aucun droit, il n'a que des devoirs à remplir.

Après avoir donné deux exemples de la formation originaire d'une constitution, je vais faire voir comment elles sont toutes deux changées depuis leur premier établissement.

L'expérience montra que les pouvoirs dont les gouvernemens des différens Etats étoient revêtus, selon leurs constitutions, étoient trop grands ; & ceux accordés au gouvernement fédératif, par l'acte de fédération, trop petits. Le vice n'étoit pas dans le principe, mais dans la distribution des pouvoirs.

Nombre de pamphlets, & de lettres dans les papiers publics, parurent pour démontrer la propriété & la nécessité de corriger le gouvernement fédératif. Après plusieurs discussions publiques, entretenues par le canal de la presse, & dans les conversations particulieres, l'Etat de Virginie, éprouvant des inconvéniens par rapport au commerce, proposa une conférence continentale; en conséquence des députations de cinq ou six des Etats se rendirent à Anapolis dans le Maryland, en 1786. Cette assemblée ne se croyant pas suffisamment autorisée pour travailler à une réforme, ne fit qu'émettre des opinions générales sur la propriété de cette mesure, & recommander une convention de tous les Etats, pour l'année suivante.

Cette convention s'assembla à Philadelphie, au mois de Mai 1787, & le général Washington en fut élu président. Il n'avoit alors aucune liaison avec les gouvernemens des Etats, ni avec le Congrès. Il avoit résigné sa commission à la fin de la guerre, & depuis, il avoit vécu comme un simple citoyen.

La convention entra profondément dans tous les sujets; & ses membres, après une infinité de discussions & de recherches, s'étant accordés sur les différentes parties d'une constitution fédérative, la question qui se présenta ensuite, fut la maniere de lui donner de l'autorité & de la mettre en pratique.

Ils n'envoyèrent par chercher pour cela, un Stathouder d'Hollande, ou un électeur d'Allemagne, comme l'auroit fait une cabale de courtisans; mais ils laissèrent la décision du tout à la sagesse & à l'intérêt du pays.

Ils ordonnèrent d'abord que la constitution projetée fût publiée. Secondement, que chaque Etat élût une convention pour le dessein formel de la prendre en considération, & de la ratifier ou de la rejeter, & qu'aussitôt que neuf des Etats l'auroient approuvée ou ratifiée, ces Etats procédassent à l'élection du nombre de membres qu'ils avoient droit d'envoyer au nouveau gouvernement fédératif; qui commenceroit alors à entrer en exercice, tandis que l'ancien gouvernement fédératif cesseroit ses fonctions.

Les différens Etats commencèrent en conséquence à élire leurs conventions. Quelques-unes de ces conventions ratifièrent la constitution à la grande majorité, & deux ou trois unanimement. Dans d'autres, il y eut de violens débats, & les opinions furent partagées. Dans la convention de Massachusetts, qui se tint à Boston, il n'y eut qu'une majorité de dix-neuf ou de ving sur environ trois cents membres qui la composoient; mais telle est la nature du gouvernement représentatif, que toutes les affaires s'y décident tranquillement à la majorité. Lorsque la discussion fut fermée & les voix recueillies dans la convention de Massachusetts, les membres de l'opposi-

tion se levèrent & déclarèrent : « *Que quoiqu'ils
» eussent argumenté & voté contre le projet de cons-
» titution fédérative, parce qu'ils en voyoient
» certaines parties sous un point de vue différent
» que les autres membres ; cependant comme la
» majorité l'avoit acceptée, ils la soutiendroient
» dans la pratique, avec autant de franchise que
» s'ils avoient voté en sa faveur* ».

Aussitôt que neuf Etats eurent ratifié (& les autres suivirent à mesure que leurs conventions furent formées) l'ancienne fabrique du gouvernement fédératif fut jetée bas, & la nouvelle élevée en sa place ; le général Washington en est actuellement président. — Je ne puis m'empêcher de remarquer ici que le caractère & les services de cet homme extraordinaire, doivent faire rougir tous ces hommes que l'on appelle rois. Tandis qu'ils tirent de la sueur & du sang du peuple un énorme salaire auquel, ni leurs talens, ni leurs services ne leur donnent aucune prétention, Washington rend tous les services qui sont en son pouvoir & refuse constamment toute récompense pécuniaire. Il ne voulut point d'appointemens lorsqu'il fut général en chef ; il n'en reçoit pas non plus comme président des Etats-unis.

Lorsque la nouvelle constitution fédérative fut établie, l'Etat de Pensylvanie, jugeant que quelques parties de sa constitution, avoient besoin d'être changées, élut une convention pour cet objet. Les changemens projetés furent publiés, & le peuple y acquiesçant, ils furent faits.

Pendant qu'on formoit ces constitutions, ou qu'on y faisoit ces changemens ; on n'éprouva aucun inconvénient ; le cours ordinaire des affaires ne fut pas interrompu, & les avantages qui en sont résultés furent grands. Il est toujours de l'intérêt d'un plus grand nombre de gens que les choses aillent bien, qu'elles aillent mal ; & lorsque les affaires publiques sont soumises à la discussion, & que le jugement public est libre, il ne décidera jamais mal, à moins qu'il ne décide trop précipitamment.

Pendant ces deux changemens de constitutions, les gouvernemens alors existans n'y prirent aucune part ; le gouvernement n'a pas droit de se rendre partie dans les discussions touchant les principes ou la manière de former ou de changer des constitutions ; ce n'est pas pour l'avantage de ceux qui exercent le pouvoir du gouvernement, que les constitutions & les gouvernemens qui en dérivent sont établis. Dans toutes ces affaires, le droit de juger & d'agir appartient à ceux qui payent & non pas à ceux qui reçoivent.

Une constitution est la propriété d'une nation,

& non pas de ceux qui administrent le gouvernement; toutes les constitutions de l'Amérique sont déclarées établies sur l'autorité du peuple; en France, on se sert du mot nation au lieu de celui du peuple; mais dans les deux cas, une constitution est une chose antérieure au gouvernement, & qui en est bien différente.

En Angleterre, il n'est pas difficile de s'apercevoir que tout a une constitution, excepté la nation. Chaque société ou association établie, s'est d'abord accordée sur un certain nombre d'articles originaires, qui furent mis en règle, ce qui fait sa constitution; elle nomma ensuite ses officiers, dont les pouvoirs & l'autorité sont marqués dans cette constitution, & alors le gouvernement de cette société commença. Ces officiers, quel que soit le nom qu'on leur donne, n'ont pas droit de changer ou d'abréger les articles originaires, ni même d'y ajouter la moindre chose; ce n'est qu'au pouvoir constituant que ce droit appartient.

Faute de comprendre la différence qu'il y a entre une constitution & un gouvernement, le docteur Johnson, & tous les écrivains de sa trempe se sont toujours égarés; ils voyoient bien qu'il falloit qu'il existât quelque part un pouvoir *contrôleur*, & ils placerent ce pouvoir dans la discrétion de ceux qui

administroient

administroient le gouvernement, au lieu de le placer dans une constitution faite par la nation. Quand ce pouvoir est dans une constitution, il a la nation pour appui, & les pouvoirs naturel & contrôleur sont alors réunis. Les lois émanées des gouvernemens ne contrôlent les hommes que comme individus; mais la nation, par le moyen de sa constitution, contrôle tout le gouvernement, & elle a le droit de le faire ; donc le dernier pouvoir contrôleur, & le pouvoir originaire constituant, ne font qu'un même & seul pouvoir.

Le docteur Johnson n'auroit pas avancé une pareille assertion dans un pays où il y avoit une constitution ; & il prouve par-là qu'il n'y a rien en Angleterre qui ressemble à une constitution : —mais on pourroit poser en question, & ce seroit digne d'être examiné : *s'il n'existe pas de constitution en Angleterre, comment l'idée de son existence est-elle si généralement établie ?*

Pour décider cette question, il est nécessaire de considérer une constitution sous ses deux points de vue. Premièrement, comme créant un gouvernement, & lui assignant des pouvoirs ; secondement, comme réglant & limitant les pouvoirs donnés.

Si nous commençons avec Guillaume de Normandie, nous trouverons que le gouvernement d'Angletetre étoit, dans l'origine, une tyrannie, fondée sur une invasion & la conquête du pays. Cela étant admis, il paroîtra alors que les efforts de la nation, à différentes époques, pour détruire la tyrannie, & la rendre plus supportable, ont été pris pour une constitution.

Magna charta, ou la grande charte (c'est maintenant comme un almanach de la même date), ne fit rien autre chose que forcer le gouvernement à renoncer à une partie de ses usurpations. Elle ne créa pas un gouvernement & ne lui donna pas des pouvoirs, comme le fait une constitution; mais elle fut de la nature des *reconquêtes*, & non pas d'une constitution; car si la nation avoit pu entièrement extirper l'usurpation, comme la France a fait son despotisme, elle auroit alors eu une constitution à former.

L'histoire des Edouards & des Henris, jusqu'au commencement du règne des Stuarts, offre autant d'exemples de tyrannie qu'il étoit possible d'en commettre dans les bornes que la nation lui avoit prescrites. Les Stuarts s'efforcèrent de franchir ces limites, & leur sort est bien connu. Dans tous ces exemples, nous ne voyons pas de constitution, mais seulement des restrictions sur des pouvoirs usurpés.

Après cela un autre Guillaume, descendu de la même tige, & prétendant à la même origine,

prit possession; & des deux maux, *Jacques &
Guillaume*, la nation préféra celui qu'elle crut
le moindre, puisqu'à cause des circonstances,
il falloit qu'elle en prît un. L'acte appelé le bill
des droits, se présente ici. Qu'est-ce que ce bill,
sinon un marché que les parties du gouvernement
firent les unes avec les autres, pour se partager
le pouvoir, les privilèges & les profits ? Vous
aurez tant, & je garderai le reste; & quant à la
nation, on lui dit, pour *votre part* vous *aurez le
droit de faire des pétitions* : cela étant fait de cette
manière, le bill des droits est plutôt un bill de
torts & d'insultes. Quant à ce qu'on appelle le Parlement de la convention, ce fut une chose qui se
fit elle-même, & qui créa l'autorité selon laquelle
elle agit. Quelques personnes s'assemblerent &
prirent ce nom. Plusieurs d'entr'elles n'avoient
point été élues, & aucune d'elles n'étoit envoyée
pour cet objet.

Depuis le règne de Guillaume, il y eut une
espèce de gouvernement, provenant de ce bill de
droits, ou plutôt de cette coalition des parties;
& plus encore depuis la corruption introduite à
l'avénement de la maison d'Hanovre, par le canal
de Walpole; on ne sauroit appeler cela, qu'une
législature despotique. Quoique les différentes par-

E 2

ties puissent s'arrêter les unes les autres, le pouvoir de la totalité de ces parties n'a point de bornes, & le seul droit qu'elles reconnoissent, hors d'elles-mêmes, est celui de faire des pétitions. Où donc est la constitution, qui donne ou qui restreint le pouvoir ?

Quoiqu'une partie d'un gouvernement soit élective, ce gouvernement n'en est pas moins un despotisme, si les personnes ainsi élues possèdent après cela, comme le parlement, des pouvoirs illimités. L'élection, dans ce cas-là, n'a aucun rapport avec la représentation, & les candidats ne sont que des candidats pour le despotisme.

Je ne puis m'imaginer qu'aucune nation, en raisonnant sur ses droits, eût jamais pensé à appeler cela une constitution, si le gouvernement n'avoit pas lui-même fait entendre le cri de constitution. On se familiarisa ensuite avec ce mot, parce qu'il fut souvent répété dans les discours du parlement, comme on s'accoutuma à ceux de *Saint-Antoine* & de son *cochon*, parce qu'on les vit sur nos enseignes & sur nos fenêtres; mais quelle que puisse être cette constitution à tout autre égard, elle fut certainement la *machine la plus féconde en taxes qui ait jamais existé*. Les impôts de la France, selon la nouvelle constitution, ne montent pas à treize chelins par tête (1), & ceux de l'Angleterre, sous ce que l'on appelle sa constitution actuelle, montent à quarante-huit chelins & demi par tête, y compris les femmes & les enfans, puisqu'ils sont de dix-sept millions sterling (environ 400,000,000 liv. tournois), outre les frais de perception qui se montent à un million de plus.

Dans un pays comme l'Angleterre, où toute la partie du gouvernement civil est exécutée par les habitans de chaque ville & de chaque comté, par le moyen d'officiers de paroisses, de magistrats, de sessions tous les trois mois, de jurés & d'assises; sans causer aucun embarras au gouvernement, ou aucune autre dépense du revenu

---

(1) Le montant de toutes les taxes de France pour l'année actuelle, est de 300,000,000 livres tournois, ou 12 millions & demi sterling; on estime les besoins accidentels à 3 millions, ce qui fait en tout 15 millions & demi sterling. Ces taxes réparties sur 24,000,000 d'ames, font à-peu-près 13 chelins par individu. La France a diminué ses impôts, depuis sa révolution, de près de 9 millions sterling par an. Avant la révolution, la ville de Paris payoit un droit de plus de trente pour cent sur tous les articles qui entroient dans la ville. Ce droit étoit payé aux barrières. Il fut aboli le premier Mai dernier, & les barrières furent ôtées.

public que le salaire des juges ; on ne peut s'imaginer à quoi est employée cette masse de taxes. La défense intérieure du pays n'est pas, même, payée sur le revenu de l'Etat ; dans toutes les occasions, réelles ou factices, on a toujours recours à de nouveaux emprunts, ou à de nouvelles taxes. Il n'est donc pas surprenant qu'une machine si avantageuse aux avocats de la cour, soit si prodigieusement vantée. Il n'est pas surprenant que *Saint-James* (1), ou *Saint-Stephen* fasse continuellement retentir le cri de constitution. Il n'est pas surprenant que la révolution Française soit réprouvée, & la *res publica* traitée avec mépris ! Le *livre rouge* d'Angleterre, comme le livre rouge de France en expliquera la raison (2).

Je vais à présent, pour prendre un peu de relâche, donner une pensée ou deux à M. Burke ; je lui demande pardon de l'avoir négligé si long-tems.

« L'Amérique, dit-il, (dans son discours sur

---

(1) *Saint-James*, palais du roi d'Angleterre à Londres ; *Saint-Stephen*, paroisse, dans laquelle se trouve le Parlement.

(2) Ce que l'on appeloit en France le livre rouge, n'étoit pas tout-à-fait semblable au calendrier de la cour d'Angleterre ; mais il enseignoit suffisamment comment une grande partie du revenu étoit prodiguée.

» le bill de constitution pour le Canada) n'a
» jamais songé à une doctrine aussi absurde que
» celle des *droits de l'homme* ».

M. Burke présume avec tant de hardiesse, & avance ses assertions & ses prémisses avec si peu de jugement, que, sans avoir égard aux principes de philosophie & de politique, les simples conséquences de logique qu'elles produisent, sont ridicules & absurdes. Par exemple :

Si les gouvernemens, comme le prétend M. Burke, ne sont pas fondés sur les droits de l'homme, & sont fondés sur *quelques droits*, ils doivent être fondés sur les droits de *quelque chose* qui n'est pas *l'homme*. Or, qu'est-ce que ce quelque chose ?

Généralement parlant nous ne connoissons d'autres créatures sur la terre que l'homme & les animaux ; & dans tous les cas, lorsqu'il n'existe que deux choses, & qu'il faut en admettre une, une négation pour l'une d'elles équivaut à une affirmation pour l'autre; c'est pourquoi M. Burke, en niant les droits de *l'homme*, prouve en faveur des *animaux* ; & conséquémment prouve que le gouvernement est un animal ou une bête : & comme les choses difficiles s'expliquent souvent l'une par l'autre, on voit, à présent, l'origine de garder des bêtes

E 4

sauvages à la tour ; car elles ne peuvent, certainement servir à autre chose qu'à montrer l'origine du gouvernement. Elles sont là en place d'une constitution. O Jean-Taureau, Jean-Taureau (1), quels honneurs tu as perdus de n'être pas né bête sauvage! Tu aurois pu, selon le systême de M. Burke, être à la tour pour toute ta vie.

Si les argumens de M. Burke n'ont pas assez de poids pour qu'on lui réponde sérieusement, c'est plutôt sa faute que la mienne ; & comme je veux bien faire mes excuses au lecteur pour la liberté que j'ai prise, j'espère que M. Burke voudra bien aussi me pardonner.

Ayant payé à M. Burke le compliment de me souvenir de lui, je reviens à mon sujet.

Faute d'une constitution en Angleterre pour restreindre & régler l'impulsion extravagante du pouvoir, plusieurs de ses lois sont déraisonnables & tyranniques, & l'administration en est vague & problématique.

L'attention du gouvernement d'Angleterre ; (car j'aime mieux l'appeler ainsi, que le gouvernement Anglais,) paroît depuis ses liaisons poli-

---

(1) On appelle ordinairement l'Anglais *John-Bull*, ou Jean-Taureau, à cause de sa bonhommie grossière & sans malice.

tiques avec l'Allemagne, avoir été tellement absorbée par les affaires étrangeres & par les moyens de lever des taxes, qu'il semble n'exister que pour cet objet. Les affaires domestiques sont négligées, & quant à des lois régulières, elles sont à peine connues dans le pays.

Presque tous les cas sont actuellement déterminés par des exemples antérieurs, que cet exemple soit bon ou mauvais, ou qu'il soit applicable ou non ; & cette pratique est devenue si générale, qu'elle fait naître des soupçons qu'il y a dans cette manœuvre une politique plus profonde qu'on ne le croiroit d'abord.

Depuis la révolution de l'Amérique, & plus encore depuis celle de France, le gouvernement d'Angleterre s'est fait une étude particulière de suivre & de prêcher les exemples précédens. La plupart de ces exemples sont fondés sur des principes & sur des opinions précisément l'inverse de ce qu'ils devroient être ; & plus ils sont anciens, plus ils doivent être suspects. Mais en alliant ces exemples avec un respect superstitieux pour les choses anciennes, comme les moines montrent des reliques qu'ils appellent saintes, la généralité du genre humain tombe dans le piége. Les gouvernemens agissent aujourd'hui comme s'ils avoient peur d'exciter la moindre réflexion chez l'homme. Ils le conduisent tout doucement au tombeau des exemples, pour engourdir ses facultés, & éloigner son attention de la scène des révolutions. Ils sentent qu'il acquiert des lumières plus rapidement qu'ils ne le voudroient, & leur politique d'exemples précédens est le thermomètre de leur crainte. Cette papauté politique, comme la papauté écclésiastique d'autrefois, a fait son tems, & se précipite vers sa fin. La relique en haillons, l'exemple ancien, le moine & le monarque tomberont ensemble en poussière.

Le gouvernement d'exemples, qui ne fait pas attention au principe de ces exemples, est le plus vil système que l'on puisse inventer. Dans une multitude de cas, l'exemple passé doit servir d'avertissement, & non pas de règle, & a besoin d'être évité plutôt qu'imité; mais au lieu de cela, les faits précédens sont pris en masse, & donnés pour la constitution & les lois.

Ou la doctrine des exemples précédens est une politique pour tenir l'homme dans un état d'ignorance, ou c'est un aveu-pratique que la sagesse dégénère dans les gouvernemens, à mesure qu'ils vieillissent, & qu'ils ne peuvent se traîner que sur des échasses ou sur les béquilles des exemples.

Comment arrive-t-il que les personnes qui ont la présomption de vouloir passer pour plus habiles que leurs prédecesseurs, ne paroissent en même-tems que comme les spectres de la sagesse passée ? Que l'antiquité est singulièrement traitée ! Pour remplir quelques vues, on en parle comme d'un tems de ténèbres & d'ignorance, & pour en remplir d'autres, on la fait passer pour la lumière du monde.

Si l'on veut suivre la doctrine des exemples, les dépenses du gouvernement ne doivent plus être les mêmes. Pourquoi payer des gens extraordinairement, puisqu'ils n'ont presque rien à faire ? Si tout ce qui peut arriver est déjà arrivé, il ne faut plus de législation, & l'exemple, comme un dictionnaire, doit terminer tous les cas. Donc ou le gouvernement est dans l'âge de la décrépitude, & a besoin d'être renouvelé, ou toutes les occasions d'exercer sa sagesse sont déjà arrivées.

On voit maintenant dans toute l'Europe, & particulièrement en Angleterre, le phénomène curieux d'une nation qui regarde d'un côté, & d'un gouvernement qui regarde de l'autre. L'un en avant & l'autre en arriere. Si les gouvernemens ne se conduisent que par des exemples antérieurs, tandis que les nations font des progrès en avant, il faut finalement qu'ils se séparent; & plus cette réparation sera prompte, & plus on y mettra de politesse de part & d'autre, plus cela sera avantageux (1).

Après avoir ainsi parlé des constitutions en général, comme de choses différentes des gouvernemens actuels, passons à la considération des parties dont une constitution est composée.

Les opinions sont plus partagées sur ces parties que sur le tout. Tout le monde conviendra, à moins qu'il ne soit courtisan fieffé, qu'une Nation doit avoir une constitution, pour servir de règle de conduite à son gouvernement. Ce n'est que

---

(1) En Angleterre, les progrès dans l'agriculture, les arts utiles, les manufactures & le commerce, ont eu lieu, malgré le génie de son gouvernement, qui est de suivre les exemples. C'est des entreprises & de l'industrie des individus, & de leurs nombreuses associations, dans lesquelles, pour me servir d'une expression triviale, le gouvernement n'est ni oreiller ni traversin, que ces améliorations sont provenues. Ceux qui ont conçu ces entreprises, ne pensoient pas au gouvernement, ni aux hommes qui étoient dans le ministère, ou qui n'y étoient pas; & tout ce qu'ils pouvoient espérer, c'est que le gouvernement *voulût les laisser tranquilles*.

Trois ou quatre plats papiers ministériels insultent continuellement à l'esprit national d'amélioration en l'attribuant au ministre : ils pourroient, avec autant de vérité, attribuer ce livre-ci à un ministre.

sur les parties dont elle doit être composée que les questions & les opinions se multiplient.

Mais cette difficulté, comme toutes les autres, diminuera, lorsqu'elle sera présentée de manière à être justement comprise.

La première chose, c'est qu'une nation a droit d'établir une constitution.

Savoir si elle exerce d'abord ce droit de la manière la plus judicieuse, c'est une autre affaire. Elle l'exerce selon le jugement qu'elle possede; & en continuant d'agir ainsi, toutes les erreurs seront finalement extirpées.

Quand ce droit est établi chez une Nation, il n'y a pas à craindre qu'il soit jamais employé pour lui nuire. Une Nation n'a aucun intérêt à avoir tort.

Quoique toutes les constitutions de l'Amérique soient fondées sur un principe général, cependant il n'y en a pas deux qui soient parfaitement semblables dans les parties qui les composent, ou dans la distribution des pouvoirs qu'ils donnent aux gouvernemens actuels. Elles sont plus ou moins compliquées.

En faisant une constitution, il faut premièrement considérer les fins pour lesquelles le gouvernement est nécessaire. Secondement, quels sont les meilleurs moyens et les moins dispendieux pour obtenir ces fins ?

Le gouvernement n'est autre chose qu'une association nationale ; et l'objet de cette association est le bien de tous, tant individuellement que collectivement. Chacun desire suivre ses occupations, et jouir du fruit de son travail et du produit de ses propriétés paisiblement et sûrement, avec le moins de dépense possible. Quand cela est accompli, toutes les fins pour lesquelles le gouvernement doit être établi sont remplies.

On a ordinairement considéré le gouvernement comme composé de trois parties générales & distinctes ; du pouvoir législatif, du pouvoir exécutif & du judiciaire.

Mais si nous voulons permettre à notre jugement d'agir sans être prévenu par l'habitude d'une multiplication de termes, nous ne pourrons apercevoir que deux pouvoirs qui entrent dans la composition du gouvernement civil ; savoir, celui de faire et de publier des lois, & celui de les exécuter & de les administrer. Donc tout ce qui appartient au gouvernement civil est classé dans l'une ou dans l'autre de ces deux divisions.

Quant à ce qui regarde l'exécution des lois, ce que l'on appelle pouvoir judiciaire est strictement le pouvoir exécutif de tous les pays. C'est ce pouvoir auquel tout individu appelle, et qui fait exécuter les lois; et nous n'avons pas d'autre idée claire de l'exécution officielle des lois. En Angleterre, & en Amérique comme en France, ce pouvoir commence avec le magistrat, & passe par toutes les cours de judicature.

Je voudrois que les courtisans expliquassent ce que l'on veut dire en appelant la monarchie le pouvoir exécutif. Ce n'est qu'un nom qui sert à faire des actes du gouvernement; & tout autre nom ou même point de nom du tout feroit la même chose. Les lois n'en ont pas pour cela plus ou moins d'autorité. Ce doit être de la justice de leurs principes & de l'intérêt que la Nation trouve à les maintenir qu'elles doivent tirer leur force; si elles ont besoin d'un autre appui, c'est signe qu'il y a quelque chose d'imparfait dans le système du gouvernement. Les lois difficiles à exécuter ne sauroient être généralement bonnes.

Quant à l'organisation du *pouvoir législatif*, on a dans différens pays adopté différentes méthodes. En Amérique, il est généralement composé de deux Chambres. En France il n'en fait qu'une, mais dans les deux pays il est représentatif.

Le fait est que les hommes (à cause de la longue tyrannie des pouvoirs usurpés) ont eu si peu d'occasions de faire les essais nécessaires sur les méthodes & les principes du gouvernement, pour découvrir le meilleur, *que ce n'est que d'aujourd'hui qu'on commence à connoître le gouvernement*, & qu'ils manquent encore d'expérience pour décider de plusieurs particularités.

Les objections contre deux Chambres sont, premièrement, qu'il y a de l'inconséquence qu'une partie de la législature en vienne à une détermination finale sur *une question*, tandis que *cette question*, par rapport à la totalité, est encore en délibération, & conséquemment susceptible d'être mieux approfondie.

Secondement, qu'en prenant les voix dans chacune, comme dans un corps séparé, il est toujours possible, et cela arrive souvent, que la minorité gouverne la majorité; & presque toujours d'une manière très-inconséquente.

Troisièmement, que deux Chambres qui peuvent se contrôler arbitrairement sont absurdes, parce qu'on ne sauroit prouver, selon les principes d'une juste représentation, que l'une soit plus sage ou meilleure que l'autre. Elles peuvent se contrôler à tort comme avec raison; — & que placer le pouvoir où nous ne pouvons pas placer la sagesse pour en user, ni même être assuré

qu'on

qu'on en usera comme il faut, c'est confier autant au hasard qu'à la précaution (1).

***

(1) Quant aux deux Chambres dont le Parlement d'Angleterre est composé, elles paroissent ne faire qu'une, &, comme législature, n'avoir aucune volonté à elles. Le ministre, quel qu'il soit, les touche d'une verge d'opium, & elles s'endorment dans l'obéissance.

Mais si nous considérons séparément les talens des deux chambres, la différence nous paroîtra si grande, qu'elle nous démontrera l'inconséquence de placer le pouvoir où il n'y a pas de certitude qu'il se trouvera assez de jugement pour en user.

Quelque misérable que soit l'état de la représentation en Angleterre, c'est la virilité en comparaison de la chambre des Pairs; & cette chambre est si peu considérée, que le peuple s'informe rarement de ce qu'elle fait. Elle paroît aussi être plus sous l'influence de la couronne, & plus éloignée de l'intérêt général de la nation. Dans les débats sur la question de s'engager dans la guerre des Turcs avec la Russie, la majorité de la chambre des Pairs en faveur de la guerre fut de plus de quatre-vingt-dix, tandis que dans la chambre des communes, qui a plus du double de membres, la majorité ne fut que de soixante-trois.

Il est aussi intéressant de voir ce qui se passa au sujet du bill de M. Fox, concernant les jurés : les personnes appelées Pairs, ne faisoient point l'objet de ce bill. Elles possèdent déjà plus de priviléges que ce bill n'en accordoit aux autres. Les Pairs sont leurs propres jurés, & si un membre de cette chambre étoit poursuivi pour avoir fait un

F

(82)

Si on apportoit, dans aucune des législatures Américaines, un bill semblable à celui dont le Parlement d'Angleterre fit un acte au commencement du règne de George Ier, pour étendre la durée des assemblées à une plus longue époque que celle qui leur est assignée, le controle se trouveroit dans la constitution, qui dit : *Tu iras jusques-là, mais pas plus loin*.

Mais pour résoudre l'objection contre une seule chambre (celle d'agir trop précipitamment), & pour éviter en même-tems les inconséquences & quelquefois les absurdités qui résultent de deux chambres, la méthode suivante a été proposée comme une amélioration des deux systèmes.

Premièrement, de n'avoir qu'une représentation.

Secondement, de diviser cette représentation, par la voie du sort, en deux ou trois sections.

Troisièmement, de discuter tout bill proposé dans chaque section successivement, afin qu'elles pussent réciproquement entendre les argumens l'une de l'autre, mais sans aller aux voix. Après

libelle, il ne seroit pas puni la première fois, quand même il seroit convaincu. Une pareille inégalité dans les lois ne devroit exister dans aucuns pays. La Constitution Françaife dit : *Que la loi est la même pour tous les individus, soit qu'elle protège, soit qu'elle punisse ; tous sont égaux aux yeux de la loi.*

cela, toute la représentation s'assembleroit pour une discussion générale qui produiroit une détermination en allant aux voix.

A ce projet d'amélioration, on en a ajouté un autre pour tenir toujours la représentation dans un état de renouvellement ; qui est qu'un tiers de la représentation d'un pays se retireroit au bout d'un an, & que ce nombre seroit remplacé par de nouvelles élections ; un autre tiers seroit de même remplacé au bout de deux ans, & tous les trois ans il y auroit une élection générale (1).

Mais de quelque manière que l'on puisse arranger les différentes parties d'une constitution, il y a un principe général qui distingue la liberté d'avec l'esclavage, qui est, *que tout gouvernement héréditaire sur un peuple est une espèce d'esclavage, et que tout gouvernement représentatif est libre.*

En considérant le gouvernement sous le seul point de vue que l'on doit le considérer, celui d'une ASSOCIATION NATIONALE, il doit être organisé de manière à ne point être dérangé par les

___

(1) Quant à l'état de représentation en Angleterre, il est trop absurde pour qu'on puisse en raisonner. Presque toutes les parties représentées diminuent en population, & les parties non-représentées augmentent. Une convention générale de la Nation est nécessaire pour prendre en considération l'état de son gouvernement.

accidens qui peuvent arriver à aucune de ses parties ; c'est pourquoi on ne doit placer entre les mains d'aucun individu un pouvoir extraordinaire capable de produire un pareil effet. La mort, les maladies, l'absence ou la défection d'un individu dans un gouvernement doivent être d'aussi peu de conséquence, par rapport à la Nation, que si les mêmes accidens étoient arrivés à un membre du Parlement d'Angleterre ou de l'Assemblée nationale de France.

Il n'y a rien de plus avilissant pour la grandeur d'une Nation que d'être mise en confusion par ce qui peut arriver à un simple individu, ou par ce qu'il peut faire ; & le ridicule de cette scène est souvent augmenté par le peu d'importance de la personne qui l'a occasionnée. Si un gouvernement étoit tellement construit, qu'il ne pût aller à moins qu'une oie ne fût présente au sénat, les difficultés seroient toutes aussi grandes & aussi réelles par la fuite ou par la maladie de l'oie, que si on l'appeloit roi. Nous nous moquons des particuliers à cause des folles difficultés qu'ils se font à eux-mêmes, sans nous apercevoir que l'on commet tous les jours les plus grandes absurdités dans les gouvernemens. (1).

_____

(1) On rapporte que dans le canton de Berne, en Suisse, on entretient, depuis un tems immémorial, un ours aux dé-

Toutes les constitutions de l'Amérique sont faites sur un plan qui n'admet point les embarras puérils qui se rencontrent dans les monarchies. Il ne peut y avoir une suspension de gouvernement, même pour un seul instant, par aucune circonstance quelconque. Le système de représentation pourvoit à tout, & est le seul système dans lequel les nations & les gouvernemens peuvent toujours paroître avec le caractère qui leur est propre.

---

pens du trésor public, & qu'on fait accroire au peuple que s'il n'y avoit point d'ours, il seroit perdu. Il arriva, il y a quelques années, que l'ours tomba malade, & mourut trop subitement pour qu'on pût immédiatement le remplacer par un autre. Pendant cet interrègne, le peuple découvrit que le blé croissoit, & que les vignobles fleurissoient comme à l'ordinaire, que le soleil & la lune continuoient de se lever & de se coucher, & que tout alloit comme auparavant. Encouragé par ces circonstances, le peuple résolut de ne plus entretenir d'ours; car, dit-il, « un ours est » un animal vorace & très-dispendieux, & nous avons été » obligé de lui arracher les griffes, de peur qu'il ne fît du » mal au citoyen ».

L'histoire de l'ours de Berne fut mise dans quelques papiers français, au moment de la fuite de Louis XVI, & on ne se trompa point en France sur son application à la monarchie. Mais il paroît que l'aristocratie de Berne prit cela pour elle, & elle a, depuis, défendu de lire les journaux français.

Comme on ne doit placer aucun pouvoir extraordinaire entre les mains d'aucun individu, on ne doit pas non plus accorder à qui que ce soit un salaire plus considérable que ses services ne le méritent. Il est peu important qu'un homme soit appelé Président, Roi, Empereur, Sénateur, ou de toute autre manière que la convenance ou la folie le juge à propos, ou que l'arrogance peut s'arroger, il est certain qu'il ne peut rendre que quelques services à l'Etat; & les services d'un pareil individu dans la routine des fonctions, quel que soit le nom que l'on donne à cette fonction, soit qu'on l'appelle monarchique, *présidentielle* ou *sénatoriale*, ou comme l'on voudra, ne doit pas valoir plus de dix mille livres sterlings (deux cent quarante mille livres tournois) par an. Tous les grands services rendus au monde le sont par des volontaires qui n'acceptent rien; mais la routine des fonctions est toujours réglée selon une donnée générale de talens, & il est toujours au pouvoir d'un grand nombre de citoyens de les remplir; c'est pourquoi elles ne méritent point de récompense extraordinaire. *Le gouvernement*, dit Swift, *est une chose simple et que bien des gens sont capables de comprendre.*

Il est inhumain de parler de 24,000,000 tournois annuellement, tirés des impôts d'un pays quelconque, pour le soutien d'un simple individu, tandis que des milliers d'êtres qui sont obligés d'y contribuer, meurent de faim, & lutent contre la misère. Le gouvernement ne consiste pas en un contraste entre des prisons & des palais, entre la pauvreté & la pompe; il n'est pas institué pour dépouiller le malheureux de son denier, ni pour augmenter la misère du pauvre. Mais je reviendrai par la suite sur ce sujet ; actuellement je vais me renfermer dans des observations politiques.

Quand un pouvoir extraordinaire & un salaire extraordinaire sont accordés à un individu dans un gouvernement, il devient le centre autour duquel toutes les espèces de corruptions s'engendrent. Donnez à tout homme quelconque vingt-quatre millions par an, & ajoutez à cela le pouvoir de créer des places & d'en disposer, aux dépens d'un pays; & la liberté de ce pays n'est plus en sûreté. Ce que l'on appelle la splendeur du trône n'est autre chose que la corruption de l'Etat. Elle est composée d'une bande de parasites, qui vivent dans une indolence luxurieuse d'une partie des taxes publiques.

Quand une fois un système aussi vicieux est établi, il devient le gardien & la protection de tous les abus inférieurs. L'homme qui reçoit 24,000,000 liv. annuellement, est la dernière personne à sus-

F 4

citer un esprit de réforme, de peur qu'éventuellement, il ne l'atteigne lui-même. Il est toujours de son intérêt de protéger les petits abus, comme autant de postes avancés pour protéger la citadelle; & dans cette espèce de forteresse politique, toutes les parties dépendent tellement les unes des autres, qu'on ne doit jamais s'attendre qu'elles s'attaquent. (1).

La monarchie n'auroit pas duré tant de siècles, si ce n'étoit pour les abus qu'elle protége. C'est la fraude en chef que soutient toutes les autres. En donnant une partie des dépouilles, elle se fait des amis; & quand elle cessera de le faire, elle cessera d'être l'idole des courtisans.

Comme le principe selon lequel les constitutions

---

(1) Il est à peine possible de parler d'aucun sujet qui ne suggère pas une allusion à quelque corruption dans les gouvernemens. Le sourire des « *fortifications* », entraîne malheureusement avec lui une circonstance qui est fort analogue à la matière à laquelle nous avons fait allusion.

Parmi les nombreux exemples d'abus pratiqués ou protégés par les gouvernemens, anciens ou modernes, il n'y en a pas de plus grand que celui d'entretenir un homme & ses descendans aux dépens du public.

L'humanité dit qu'il faut pourvoir aux besoins des pauvres; mais par quel droit moral ou politique, aucun gouvernement présume-t-il de dire que la personne appelée duc de Richmond, sera entretenue par le public. Cependant, si

font actuellement formées, rejette toute prétention héréditaire au gouvernement, il rejette aussi tout ce catalogue d'usurpations appelées prérogatives.

S'il existe un gouvernement où l'on puisse avec quelque sorte de sûreté accorder des prérogatives à un individu, c'est certainement dans le gouvernement fédératif de l'Amérique. Le président des États-Unis de l'Amérique n'est élu que pour quatre ans. Il est non-seulement responsable dans le sens général du mot, mais il y a, dans la constitution, une méthode particulière tracée pour l'éprouver : il ne peut être élu qu'à trente-cinq ans, & il faut qu'il soit né dans le pays.

En comparant ces circonstances avec le gouver-

---

le bruit commun est vrai, il n'y a pas un malheureux dans Londres, qui puisse acheter un misérable boisseau de charbon, sans contribuer à la liste civile du duc de Richmond. Quand même le produit de cet impôt ne seroit que d'un chelin par an, l'iniquité du principe seroit toujours la même ; mais quand il monte, à ce qu'on dit, à vingt mille louis par an, l'énormité est trop grande pour qu'on la souffre plus long-tems. — Voilà un des effets de la monarchie & de l'aristocratie. Ce n'est pas aucun motif personnel qui me fait citer ce cas-là. Quoique je croie qu'il soit bas à un homme de vivre aux dépens du public, le vice vient du gouvernement ; & il est devenu si général, que soit que les parties soient dans l'opposition ou dans le ministère, cela ne change rien : elles sont sûres de la garantie les unes des autres.

nement d'Angleterre, la différence par rapport à ce dernier est une absurdité. En Angleterre l'homme qui exerce la prérogative royale est souvent un étranger; toujours à moitié étranger, & toujours marié avec une étrangère. Il n'est jamais entierement lié avec le pays ni naturellement ni politiquement; il n'est responsable de rien, & est majeur à dix-huit ans; cependant on permet à cette personne de former des alliances étrangères, sans même la connoissance de la nation, & de faire la guerre & la paix sans son consentement.

Mais cela n'est pas tout. Quoique cette personne ne puisse pas disposer du gouvernement, comme un testateur, elle dicte les mariages, ce qui dans le fait, répond presque au même but. Il ne peut pas léguer directement la moitié du gouvernement à la Prusse, mais il peut former une alliance qui produira presque la même chose. Dans de pareilles circonstances, il est heureux pour l'Angleterre, qu'elle ne soit pas située sur le continent, où elle pourroit, comme la Hollande, tomber sous la dictature de la Prusse. La Hollande, par l'alliance du Stathouder, est aussi efficacement gouvernée par la Prusse que si l'ancienne tyrannie de léguer le gouvernement l'avoit mise en son pouvoir.

La présidence en Amérique, (ou comme on l'appelle quelquefois la fonction exécutive) est la seule place à laquelle un étranger ne sauroit parvenir ; & en Angleterre, c'est la seule où il soit admis. Un étranger ne peut être membre du parlement, mais il peut être ce que l'on appelle un roi. S'il existe aucune raison pour exclure les étrangers, ce doit certainement être des places où ils peuvent faire le plus de mal, & où en réunissant toutes les raisons d'intérêt & d'attachement, le dépôt devient plus sûr.

Mais à mesure que les nations feront des progrès dans la grande affaire de former des constitutions, elles examineront avec plus de précision la nature & les occupations du département que l'on appelle exécutif. Tout le monde peut voir ce que sont les départemens législatifs ; & judiciaires ; mais quant à ce qui s'appelle, en Europe, l'exécutif, comme séparé des deux autres, ou c'est une superfluité ou c'est un chaos de choses inconnues.

Il faut quelque département officiel, auquel on puisse faire des rapports des différentes parties d'une nation, ou de chez l'étranger, c'est tout ce qui est nécessaire ; mais il est inconséquent d'appeler ce département exécutif ; on ne sauroit non plus le considérer que comme inférieur au pouvoir législatif. L'autorité souveraine, dans tous les pays, est le pouvoir de faire des lois, & tout le reste est un département officiel.

Après l'arrangement des principes & l'organisation des différentes parties d'une constitution, il faut pourvoir aux appointemens des personnes auxquelles la nation confie l'administration des pouvoirs constitués.

Une nation n'a pas droit de disposer du tems & des services de qui que ce soit, sans lui accorder une indemnité, quelle que soit la fonction qu'il lui plaise de lui confier, & il n'y a pas de raison non plus pour faire des provisions pour le soutien d'une partie du gouvernement, & point pour les autres.

Mais, en admettant que l'honneur d'obtenir l'administration d'une partie du gouvernement doive être une récompense suffisante, cela devroit être égal pour tout le monde. Si les membres de la législature d'aucun pays, doivent servir à leurs dépens, ce que l'on appelle pouvoir exécutif, soit qu'il soit monarchique ou autrement, doit faire de même. Il est inconséquent de payer l'un & d'accepter le service des autres gratis.

En Amérique, on a pourvu honnêtement à chaque département du gouvernement; mais personne ne reçoit de salaire exorbitant. Chaque membre du Congrès & des assemblées, reçoit une somme suffisante pour payer ses dépenses. Au lieu qu'en Angleterre on a pourvu d'une manière extravagante, au soutien d'une partie du gouvernement, & pas à l'autre; il s'ensuit, que l'une a en main des moyens de corruption, & que l'autre est dans le cas de se laisser corrompre. Il ne faudroit pas un quart de cette dépense employée de la maniere dont on le fait en Amérique, pour remédier à une grande partie de la corruption.

Une autre réforme que l'on a faite dans les constitutions Américaines, c'est de ne plus faire prêter serment à telle ou telle personne. Le serment de fidélité en Amérique, ne se prête qu'à la nation seule.

Il est absurde de mettre aucun individu en la place de la nation. Le bonheur d'une nation, est l'objet supérieur; c'est pourquoi l'intention d'un serment de fidélité, ne doit pas être obscurcie, en le prêtant figurativement à telle, ou au nom de de telle personne. Le serment que l'on appelle en France serment civique, savoir: « *La Nation, la Loi & le Roi* », est inconséquent; si on veut le prêter, il faut le prêter, comme en Amérique, à la nation seule. La loi peut être, ou ne pas être bonne; mais ici elle ne sauroit avoir d'autre signification que celle d'être utile au bonheur de la nation; conséquemment elle est comprise dans le serment. Le reste du serment est inconséquent, parce que tout serment personnel doit être aboli. Ce sont d'une part les restes de la tyrannie & de l'autre ceux de l'esclavage ; & on ne doit pas prendre le nom du CRÉATEUR pour servir de témoin à la dégradation de sa création; ou si on prête ce serment, comme nous l'avons déjà observé, figurativement à la nation, c'est ici une redondance. Mais quelqu'apologie que l'on puisse faire pour les sermens, au premier établissement d'un gouvernement, on ne doit pas ensuite les permettre. Si un gouvernement a besoin de l'appui des sermens, c'est signe qu'il ne vaut pas la peine d'être soutenu, & il ne doit pas être soutenu. Faites le gouvernement tel qu'il doit être, & il se soutiendra lui-même.

Pour conclure cette partie du sujet : l'une des plus grandes améliorations que l'on ait faite pour la sûreté perpétuelle & pour les progrès de la liberté constitutionnelle, ce sont les provisions que font les nouvelles constitutions pour être de tems en tems révisées, altérées ou amendées.

Le principe sur lequel M. Burke a fondé sa profession de foi politique, celui « *de lier & de contrôler la postérité à jamais, & d'abdiquer les droits de la postérité pour toujours* », est devenu maintenant trop détestable pour faire un sujet de discussion ; c'est pourquoi je ne m'y arrête pas, je me contente de le citer.

On ne fait que commencer à connoître le gouvernement. Jusqu'ici ce n'avoit été qu'un simple exercice de pouvoir, qui défendoit de faire aucune recherche dans les droits, & qui s'appuyoit uniquement sur la possession. Tant que l'ennemi de la liberté fut juge de cette dernière, les progrès de ses principes doivent vraiment avoir été peu considérables.

Les constitutions de l'Amérique, ainsi que celle de France, ont ou fixé des époques pour leur révision, ou indiqué une méthode par laquelle on peut faire des améliorations. Il est peut-être impossible d'établir aucune chose réunissant une combinaison de principes, d'opinions & de pratique, que les progrès des circonstances, après une longue suite d'années, ne dérangent pas en quelque sorte, ou ne rendent pas inconséquente. C'est pourquoi, pour empêcher que les inconvéniens ne s'accumulent au point de décourager les réformes, ou d'exciter des révolutions, il vaut mieux pourvoir aux moyens d'y remédier à mesure qu'ils se présentent. Les droits de l'homme sont les droits de toutes les générations d'hommes, & ne sauroient être accaparés par aucune. Ce qui mérite d'être suivi sera suivi à cause de son mérite; & c'est en cela que gît sa sûreté, & non pas dans les conditions dont on peut le charger.

Quand un homme laisse du bien à ses héritiers, il n'y joint pas la condition qu'ils l'accepteront. Pourquoi ferions-nous autrement par rapport aux constitutions ?

La meilleure constitution que l'on pourroit faire aujourd'hui, seroit peut-être fort éloignée de la perfection que quelques années peuvent produire. L'homme vient d'apercevoir une aurore de raison sur le sujet du gouvernement qui n'a-voit pas encore paru. Comme la barbarie des anciens gouvernemens est sur le point d'expirer, la condition morale des nations, selon les rapports qu'elles ont entr'elles, va aussi changer. L'homme ne sera plus élevé dans l'idée sauvage de regarder ses semblables comme ses ennemis, parce que le hasard de la naissance a placé les individus dans des pays qui portent des noms différens ; & comme les constitutions ont toujours quelques rapports aux circonstances étrangères, comme aux circonstances domestiques, le moyen de profiter de tous les changemens étrangers ou domestiques, devroit faire partie de toutes les constitutions.

Nous voyons déjà un changement dans les dispositions des Anglais & des Français les uns envers les autres, ce qui, si nous remontons à quelques années antérieures, fait déjà une révolution. Qui auroit pu prévoir, ou qui auroit pu croire,

croire, qu'une Assemblée nationale de France deviendroit un jour une *santé* populaire en Angleterre, ou qu'une alliance amicale seroit jamais le souhait des deux nations? Cela démontre que l'homme, s'il n'étoit pas corrompu par les gouvernemens, est naturellement ami de l'homme, & que la nature humaine n'est pas par elle-même vicieuse. Cet esprit de jalousie & de férocité, qu'inspiroient les gouvernemens des deux pays, & qu'ils faisoient servir à leurs vues de mettre des impôts, cede aujourd'hui aux suggestions de la raison, de l'intérêt & de l'humanité. On commence à comptendre le métier des cours; l'affectation du mystère, & tous les sortilèges artificiels par lesquels elles en imposoient au genre humain, sont sur le déclin. Ils ont reçu un coup mortel, & quoiqu'ils puissent encore languir quelque tems, ils ne tarderont pas à expirer.

Le gouvernement doit être aussi ouvert à l'amélioration, que tout ce qui appartient à l'homme; au lieu de cela il a, de siècle en siècle, été accaparé par les plus ignorans & les plus vicieux de l'espèce humaine. Avons-nous besoin d'autres preuves de leur pitoyable administration, que ce poids de dettes & de taxes, sous lequel les nations gémissent, & les querelles dans lesquelles ils ont précipité le monde.

Ne faisant que sortir d'une condition aussi barbare, il est encore trop tôt de pouvoir déterminer jusqu'à quel degré d'amélioration on peut porter le gouvernement. Autant que nous pouvons le prévoir, toute l'Europe pourra former une grande république, & l'homme être partout citoyen.

CHAPITRE V.

Moyens *d'améliorer la condition de l'*Europe *: mélange.*

En contemplant un sujet qui embrasse toute la région de l'humanité, il est impossible de limiter nos poursuites dans une seule direction; elles s'arrêtent sur tous les caractères & sur toutes les conditions qui appartiennent à l'homme, & mêlent ensemble l'individu, la nation & le monde.

D'une étincelle, qui parut en Amérique, il s'est élevé une flamme qu'il est impossible d'éteindre. Sans rien consumer, comme l'*ultima ratio regum*, elle passe d'une Nation à une autre, & conquiert par une opération imperceptible. L'homme se trouve changé, & sait à peine comment. Il acquiert la connoissance de ses droits en faisant attention à ses intérêts, & s'aperçoit finalement que la force & le pouvoir du despotisme ne consistent que dans la crainte de lui résister, & que, *pour être libre, il ne faut que le vouloir.*

M'étant efforcé, dans les chapitres précédens de cet ouvrage, d'établir un système de principes comme les bases sur lesquelles les gouvernemens doivent être fondés; je vais m'occuper dans celui-ci des moyens de les mettre en pratique. Mais afin d'introduire cette partie du sujet, avec plus de convenance & d'efficacité, il sera nécessaire de faire quelques observations préliminaires, déduites de ces principes, ou liées avec eux.

Quelle que soit la forme ou la constitution d'un gouvernement, elle ne doit avoir d'autre objet que le *bien général*; quand, au lieu de cela, elle tend à créer, ou à augmenter la misère d'aucune des parties de la société, elle est fondée sur un mauvais système, & il faut nécessairement une réforme.

Le langage ordinaire a donné à la condition de l'homme deux dénominations, l'état civilisé & l'état de sauvage; il a accordé à l'un le bonheur & l'abondance; à l'autre, la misère & les besoins. Mais quelque séduite que puisse être notre imagination, par les descriptions & par les comparai-

G 2

sons, il n'en est pas moins vrai qu'une grande partie du genre humain, dans ce que l'on appelle les pays civilisés, est dans un état de pauvreté & de misère, beaucoup au dessous de celui de l'Indien. Je ne parle pas ici d'un seul pays, mais de tous. Il en est ainsi en Angleterre, il en est ainsi dans toute l'Europe : cherchons-en la cause.

Cette cause ne vient pas d'aucun défaut naturel dans les principes de la civilisation, mais de ce qu'on empêche ces principes d'opérer universellement ; la conséquence est un système perpétuel de guerre & de dépense, qui épuise le pays, & détruit le bonheur général dont la civilisation est susceptible.

Tous les gouvernemens de l'Europe (la France exceptée) sont fondés, non pas sur un principe de civilisation générale, mais précisément sur l'inverse. Quant aux rapports que ces gouvernemens ont les uns avec les autres, ils sont dans la même situation que celle des sauvages ; ils se mettent au-dessus des lois de Dieu & des hommes, & sont, par leurs principes & par leur conduite réciproques, comme autant d'individus dans l'état de nature.

Les habitans de tous les pays, sous l'empire des lois, communiquent aisément ensemble ; mais les gouvernemens étant encore dans l'état de sauvage, & presque toujours en guerre, pervertissent l'abondance que la vie civilisée produit pour porter la partie non-civilisée à un plus haut dégré de barbarie. En greffant ainsi la barbarie du gouvernement sur la civilisation intérieure d'un pays, on tire de cette dernière, & principalement des pauvres, une grande portion de ce salaire qui devroit être employé à leur subsistance & à leur consolation. — Laissant de côté toute réflexion de morale & de philosophie, c'est un fait bien vrai, que plus d'un quart du travail du genre humain est annuellement consommé par ce système barbare.

Ce qui a servi à perpétuer ce mal, ce sont les avantages pécuniaires qui reviennent à tous les gouvernemens de l'Europe, en entretenant cet état de barbarie; il leur fournit des prétextes pour obtenir du pouvoir & des revenus, dont ils n'auroient aucunement besoin, si le cercle de la civilisation étoit complet. Le simple gouvernement civil, ou le gouvernement des lois, ne fournit aucun prétexte pour demander beaucoup d'impôts; il opère dans l'intérieur, directement sous les yeux des citoyens, & prévient la possibilité de leur en imposer. Mais lorsque la scène est placée dans les contestations sauvages des gouvernemens, il y a un vaste champ pour les prétextes, & le pays, n'étant plus juge, est ouvert à toutes les fraudes qu'il plaît au gouvernement de pratiquer.

Il n'y a pas un trentième, pas même un quarantième des taxes levées en Angleterre, qui soit occasionné par les besoins du gouvernement civil, ou qui y soit appliqué. Il n'est pas difficile de voir que tout ce que fait le gouvernement actuel à ce sujet, c'est de publier des lois que le pays administre & exécute, à ses dépens, par le moyen de magistrats, de jurés, de sessions & d'assises, outre les taxes qu'il paye.

Sous ce point de vue, nous avons deux espèces de gouvernemens ; le gouvernement civil ou le gouvernement des lois, qui opere dans l'intérieur ; & le gouvernement de la cour ou du cabinet qui agit chez l'étranger, selon le rude plan de la vie non civilisée ; l'un qui coûte très-peu & l'autre qui exige des dépenses exorbitantes ; & ces gouvernemens sont tellement distincts, que si le dernier venoit à être englouti par un tremblement de terre, & à disparoître entièrement de la surface du globe, le premier ne seroit aucunement dérangé. Il continueroit ses opérations, parce que l'intérêt général de la nation le demande, & qu'il en a tous les moyens.

Les révolutions ont donc pour objet un changement dans la condition morale des gouvernemens ; &, par le moyen de ce changement, le fardeau des taxes diminuera, & la civilisation jouira de cette abondance dont elle est aujourd'hui privée.

En contemplant la totalité de ce sujet, je porte mes vues dans le département du commerce. Dans tous mes ouvrages, quand j'ai trouvé une occasion, j'ai toujours été l'avocat du commerce, parce que je suis ami de ses effets ; c'est un système pacifique qui tend à réunir les hommes en rendant les nations, comme les individus, utiles les unes aux autres. Quant à une simple réforme théorique, je ne l'ai jamais prêchée. Le procédé le plus efficace est celui d'améliorer la condition de l'homme par le moyen de ses intérêts ; & c'est sur cette base que je me tiens.

Si l'on permettoit au commerce d'agir dans l'espace immense dont il est susceptible, il extirperoit le système de la guerre, & produiroit une révolution dans l'état non-civilisé des gouvernemens. L'invention du commerce a paru depuis que ces gouvernemens ont commencé, & c'est le plus grand pas vers la civilisation universelle qui ait encore été fait par aucun moyen qui ne découle pas immédiatement de principes moraux.

Tout ce qui tend à favoriser la correspondance civile des nations par un échange de bienfaits, est un sujet aussi digne de la philosophie que de la politique. Le commerce n'est autre chose que le trafic de deux individus, multiplié sur une échelle de nombres; & par la même règle que la nature vouloit la correspondance de deux, elle vouloit celle de tous. C'est pour cette raison qu'elle a distribué les matériaux des manufactures & du commerce dans différentes parties éloignées d'une nation & du monde; & comme on ne sauroit se les procurer à si bon compte & aussi commodément par la guerre que par le commerce, elle a rendu le dernier un moyen d'extirper la première.

Comme ils sont les deux opposés l'une de l'autre, il s'ensuit que l'état sauvage des gouvernemens de l'Europe est nuisible au commerce. Toute espèce de destruction ou d'embarras sert à diminuer la quantité, & il importe fort peu dans quelle partie du monde *commercial* la réduction commence. Semblable au sang, on ne peut le tirer d'aucune des parties sans diminuer la masse en circulation, & tout partage du *deficit*. Quand une nation n'a plus les moyens d'acheter, le vendeur est également affecté. Si le gouvernement d'Angleterre pouvoit détruire le commerce de toutes les autres nations, il ruineroit très-sûrement le sien.

Il est possible qu'une nation soit porteur du monde entier; mais elle ne sauroit en être le marchand. Elle ne peut pas vendre & acheter ses propres marchandises. La faculté d'acheter doit résider hors d'elle; c'est pourquoi la prospérité de toute nation commerçante est réglée par la prospérité des autres. Si celles-ci sont pauvres, elle ne sauroit être riche; & sa condition, quelle qu'elle puisse être, est un baromètre de la hauteur du commerce chez les autres nations.

Une assertion que la raison ne niera pas, c'est que les principes du commerce & son opération universelle peuvent être entendus sans en comprendre la pratique; & c'est sur ce principe seulement que j'argumente sur ce sujet. C'est une chose dans un comptoir, & dans le monde c'en est une autre. Quant à son opération, il faut nécessairement la regarder comme une chose réciproque; il n'y a que la moitié de ses pouvoirs qui réside dans la nation, & le tout est aussi effectivement détruit par la destruction de la moitié qui est hors de la nation, que si l'on avoit détruit celle qui est dedans; car elles ne peuvent agir l'une sans l'autre.

Quand, pendant la dernière guerre comme dans les précédentes, le commerce d'Angleterre diminua, ce fut parce que la masse générale en étoit diminuée partout ; il augmente aujourd'hui, parce que le commerce fleurit chez toutes les nations. Si l'Angleterre importe & exporte plus aujourd'hui que dans aucun autre tems, les nations avec lesquelles elle commerce doivent nécessairement faire la même chose ; ses importations sont leurs exportations & *vice versâ*.

Il ne peut jamais arriver qu'une nation fleurisse seule dans le commerce, elle ne sauroit que le partager ; & sa destruction, quelque part qu'elle arrive, doit nécessairement affecter toutes les nations. Lors donc que les gouvernemens sont en guerre, ils attaquent le dépôt commun du commerce, & la conséquence est la même que s'ils avoient attaqué chacun le sien.

L'augmentation actuelle du commerce ne doit pas être attribuée aux ministres ou à aucun système politique, mais à ses opérations naturelles en conséquence de la paix. Les marchés réguliers avoient été détruits, les canaux du commerce rompus, la grande route de la mer infestée de brigands de toutes les nations, & l'attention du monde tournée vers d'autres objets. Ces interruptions ont cessé,

& la paix a remis dans l'ordre naturel l'état dérangé des choses (1).

Il est digne de remarque que toutes les nations disent que la balance du commerce est en leur faveur ; c'est pourquoi il faut qu'il y ait quelque chose d'irrégulier dans les idées ordinaires sur ce sujet.

Le fait est cependant vrai, selon ce que l'on appelle une balance ; & c'est de cette cause que le commerce est universellement soutenu. Chaque nation y trouve son avantage, autrement elle en abandonneroit la pratique ; mais la méprise gît dans la manière de compter, & en attribuant ce que l'on appelle profits à une fausse cause.

M. Pitt s'est quelquefois amusé à montrer ce qu'il appeloit une balance de commerce, des registres de la douane. Cette manière de calculer

---

(1) En Amérique, l'augmentation du commerce est en proportion plus grande qu'en Angleterre. Il est actuellement au moins de moitié plus considérable qu'à aucune époque antérieure à la révolution. Le plus grand nombre de vaisseaux qui soit jamais sorti du port de Philadelphie avant le commencement de la guerre, fut de huit à neuf cents. En 1788, il en est sorti plus de douze cents. Comme l'État de Pensylvanie est regardé comme un huitième des Etats-Unis en population, la talité des vaisseaux sortis des différens ports doit être de près de dix mille.

ne donne aucune règle qui soit juste, mais en offre une qui est fausse.

D'abord, toute cargaison qui sort de la douane, paroît sur ses registres comme exportation; & conséquemment, par la balance de la douane, les pertes à la mer, & par les faillites chez l'étranger, sont toutes portées comme bénéfice, parce qu'elles paroissent comme des exportations.

Secondement, l'importation par le commerce de contrebande ne paroît pas sur les livres de la douane, pour faire face aux exportations.

On ne sauroit donc prouver une balance avantageuse par ces documens, & en examinant l'opération naturelle du commerce, on trouvera que l'idée est fausse, & que si elle étoit vraie, elle ne tarderoit pas à devenir injurieuse. Le grand soutien du commerce gît en ce que la balance des profits soit égale chez toutes les nations.

Deux négocians de différens pays, en commerçant ensemble, deviendront tous les deux riches, & chacun a la balance en sa faveur; conséquemment, ce n'est point de leurs propres fonds qu'ils s'enrichissent, & il en est de même des nations où ils résident. Le fait est, que chaque nation doit s'enrichir par ses propres moyens, & qu'elle augmente ses richesses par quelque chose qu'elle se procure d'une autre en échange.

Si un négociant, en Angleterre, envoye un article de manufacture anglaise chez l'étranger, qui lui coûte un chelin chez lui, & qu'il importe une chose qui se vend deux, il a la balance d'un chelin en sa faveur ; mais ce chelin n'est pas gagné de la nation étrangere ou du négociant étranger, car celui-ci gagne aussi la même chose sur l'article qu'il reçoit, & aucun n'a une balance de profit sur l'autre. La valeur premiere des deux articles dans leurs pays, étoit de deux chelins ; mais en changeant de place ils acquierent une nouvelle idée de valeur, égale au double de celle qu'ils avoient d'abord, & cette augmentation de valeur, est également divisée.

Il n'y a pas d'autre balance sur le commerce étranger que sur le commerce intérieur. Les marchands de Londres & de Newcastle, commercent sur les mêmes principes que s'ils résidoient dans différentes nations; & font leur balance de la même manière ; cependant Londres ne s'enrichit pas par Newcastle, non plus que Newcastle par Londres ; mais le charbon, marchandise de Newcastle, a plus de valeur à Londres, de même que les marchandises de Londres à Newcastle.

Quoique le principe de tout commerce soit le même, le commerce intérieur sous un point de vue national, est le plus avantageux, parce que tous les avantages des deux côtés restent dans la nation ; au lieu que, dans le commerce étranger, elle ne profite que d'une moitié.

Le plus désavantageux de tous les commerces est celui qui a quelques connexions avec une domination étrangere. Il peut être profitable pour quelques individus, mais c'est une perte pour la nation. La dépense nécessaire pour maintenir une domination, absorbe plus que les bénéfices du commerce. Elle n'augmente pas la quantité générale qu'il y en a dans le monde, mais elle tend à la diminuer; & comme il y en auroit une plus grande masse sans domination, ce que l'on pourroit obtenir sans cette dépense vaudroit beaucoup mieux qu'une plus grande quantité avec cette dépense.

Mais il est impossible d'accaparer le commerce par la domination ; c'est pourquoi cette mesure est d'autant plus fausse. Il ne sauroit exister dans des canaux étroits, & il rompt nécessairement ses digues par des moyens réguliers ou irréguliers, qui défont toute tentative, pour le resserrer; & si l'on réussissoit, ce seroit encore pis. La France, depuis la révolution, a été plus qu'indifférente aux possessions étrangeres; & les autres nations le seront également, quand elles auront examiné le sujet du commerce.

A la dépense des dominations, il faut ajouter

celle d'une marine, & quand le montant de ces deux dépenses, aura été soustrait des bénéfices du commerce, il paroîtra que, ce que l'on appelle la balance du commerce, en supposant qu'elle existe, ne tourne pas à l'avantage de la nation, mais qu'elle est absorbée par le gouvernement.

L'idée d'entretenir une marine pour la protection du commerce est illusoire. C'est mettre des moyens de destruction en place des moyens de protection. Le commerce n'a besoin d'autre protection que de l'intérêt réciproque que chaque nation trouve à le soutenir.—C'est un magasin commun; il existe par une balance d'avantages pour tout le monde; & la seule interruption qu'il rencontre vient de l'état barbare des gouvernemens actuels, qu'il est de l'intérêt commun de réformer (1).

Je vais maintenant passer à d'autres objets. — Comme il est nécessaire de comprendre l'Angleterre dans la perspective d'une réforme générale,

―――――――――――

(1) Quand je vis la méthode par laquelle M. Pitt estimoit la balance du commerce dans un de ses discours au Parlement, il me parut qu'il n'entendoit rien à la nature & à l'intérêt du commerce; & personne ne l'a plus troublé que lui. Pendant un intervalle de paix, il a éprouvé toutes les calamités de la guerre. Il a trois fois été arrêté, & les vaisseaux dépouillés de leurs équipages par la presse, en moins de quatre ans de paix.

il est à propos de faire des recherches sur les défauts de son gouvernement. Ce n'est que lorsque chaque nation aura réformé le sien, que le tout sera amélioré, & que l'on pourra jouir de tous les avantages d'une réforme. Des réformes partielles ne peuvent produire que des avantages partiels.

La France & l'Angleterre sont les deux seuls pays de l'Europe où l'on pouvoit commencer une réforme avec succès. L'une, gardée par l'Océan, & l'autre, par son immense force intérieure pouvoient défier la malice du despotisme étranger. Mais il en est des révolutions comme du commerce ; les avantages augmentent lorsqu'elles deviennent générales, & doublent pour l'une ou pour l'autre, ceux que chacune auroit reçus si elle avoit existé seule.

Comme il se présente maintenant un nouveau système aux yeux de l'Univers, les cours de l'Europe conspirent pour le contrecarrer. Elles négocient des alliances tout-à-fait contraires à leur ancienne politique, & les cours vont faire cause commune contre les intérêts communs des hommes. Cette combinaison parcourt toute l'Europe, & offre une cause toute nouvelle, qui ne permet aucun calcul sur les circonstances antérieures. Tandis que le despotisme faisoit la guerre au despotisme,

tisme, l'homme n'étoit pas intéressé à la querelle; mais dans une cause qui réunit le soldat avec le citoyen, & les nations avec les nations, le despotisme des cours, quoiqu'il sente le danger, & qu'il médite une vengeance, a peur de frapper.

L'histoire n'offre point, depuis l'origine du monde, une question d'une plus grande importance que la présente. Il ne s'agit pas de savoir si tel ou tel parti sera dans le ministère ou non, si les Whigs ou les Tories, les grands ou les petits prévaudront ; mais si l'homme héritera ses droits, & si la civilisation universelle aura lieu ? s'il jouira du fruit de ses travaux, ou s'ils seront consommés par la perversité des gouvernemens ? Si la déprédation sera bannie des cours, & la misère de la terre ?

Quand nous voyons, dans les pays que l'on appelle civilisés, les vieillards aller à la maison de Force, & les jeunes gens aux galeres, il faut qu'il y ait quelque chose de mauvais dans le système du gouvernement. Il paroîtroit par l'apparence extérieure de ces pays que tout est heureux; mais il y existe une masse de misère cachée aux yeux des observateurs ordinaires, qui n'a guère d'autre chance que de périr dans la pauvreté ou l'infamie. Son entrée dans le monde est marquée du présage de sa destinée, & jusqu'à ce qu'on y

H

ait remédié, il est bien inutile d'infliger des punitions.

Le gouvernement civil ne consiste pas en exécution ; mais il doit faire des provisions pour l'instruction de la jeuneſſe, & le soutien de la vieilleſſe, de manière à préserver autant qu'il est possible, l'une du crime, & l'autre du désespoir. Au lieu de cela, les reſſources d'un pays sont prodiguées à des rois, à des cours, à des mercenaires, à des imposteurs & à des catins ; & les pauvres eux-mêmes, malgré tous leurs besoins, sont forcés de supporter la fraude qui les opprime.

Pourquoi arrive-t-il qu'il n'y a presque personne d'exécuté que les pauvres ? Cela prouve, entr'autres choses, que leur condition est misérable. Elevés sans mœurs, & jetés dans le monde sans espoir, ils sont les victimes marquées du vice & de la barbarie légale. Les millions que l'on prodigue inutilement pour les gouvernemens, sont plus que suffisans pour réformer ces maux, & pour améliorer la condition de chaque individu d'une nation qui n'est pas dans l'enceinte d'une cour. J'espère prouver cela dans les progrès de cet ouvrage.

Il est de la nature de la compassion de s'associer avec le malheur. En entreprenant ce sujet, je ne cherche pas de récompense. — Je ne crains pas non plus les conséquences. Fort de cette intégrité mâle qui dédaigne de triompher ou de céder, je veux être l'avocat des droits de l'homme.

Il est avantageux pour moi d'avoir fait l'apprentissage de la vie. Je connois le prix des instructions morales, & j'ai vu le danger du contraire.

A-peu-près à l'âge de seize ans, encore neuf & aventurier, & échauffé par le faux héroïsme d'un maître (1) qui avoit servi sur un vaisseau de guerre, je commençai à être l'instrument de ma propre fortune, & m'engageai à bord du corsaire *le Terrible*, capitaine *Death* (ou capitaine la mort). Les remontrances morales & affectionnées d'un bon père, que sa religion, devoit déjà me faire regarder comme perdu, (le père de M. Payne étoit *Quaker*,) m'empêchèrent heureusement de persister dans cette aventure ; mais cette impression, quelqu'effet qu'elle eut dans le tems, commença à s'effacer, & je m'engageai après cela dans le corsaire le roi de Prusse, capitaine Mendez, & fis la course avec lui. Cependant, en dépit d'un pareil commencement, & quoique j'aie eu tous les inconvéniens de la jeunesse contre moi, j'ai la vanité de

───────────────

(1) Le Révérend Guillaume Knowles, Maître de l'école de Thetford, dans le comté de Norfolk.

dire, qu'avec une persévérance qu'aucune difficulté ne put abattre, & un désintéressement qui commanda le respect, j'ai non seulement contribué à élever un nouvel empire dans le monde, fondé sur un nouveau système de gouvernement, mais que je suis arrivé à un dégré d'éminence dans la littérature politique, où il est plus difficile de réussir & d'exceller que dans aucune autre branche, que l'aristocratie, avec tous ses moyens, n'a pas été capable d'atteindre, ou de rivaliser.

Connoissant mon propre cœur, & me sentant supérieur à toutes les escarmouches des partis, à la haine d'adversaires intéressés ou trompés, je ne réponds pas à la fausseté ou aux invectives, mais je vais examiner les défauts du gouvernement Anglais (1).

---

(1) La Politique & l'intérêt personnel ont été si uniformément liés ensemble, que le monde, après avoir été si long-tems trompé, a droit de soupçonner les caracteres publics; mais quant à moi, je suis parfaitement tranquille sur ce point. Lorsque je commençai à tourner mes pensées vers les affaires publiques, il y a près de dix-sept ans, je ne le fis pas par des motifs d'intérêt; & ma conduite depuis ce moment-là jusqu'à ce jour est un preuve de ce que j'avance. Je trouvai une occasion où je crus pouvoir faire du bien, & je suivis exactement ce que mon cœur me dictoit. Je ne lus aucuns livres & je n'étudiai pas les opinions des autres, je pensai pour moi-même. Voici l'affaire :

Pendant la suspension des anciens gouvernemens en

Je commence par les chartes & par les corporations.

___

Amérique, tant avant qu'après le commencement des hostilités, je fus frappé de l'ordre & du décorum avec lesquels tout étoit conduit; l'idée me vint que tout le gouvernement qui étoit nécessaire, étoit peu de chose au-delà de ce que la société peut faire, & que la monarchie & l'aristocratie étoient des fraudes & des impositions.

Sur ces principes, je publiai le pamphlet *common sense*, ou *le sens commun*, le succès qu'il éprouva surpassa tout ce que l'on avoit vu depuis l'invention de l'imprimerie. J'abandonnai le droit d'imprimer à chaque État de l'union, & on n'en demanda pas moins de cent mille exemplaires. Je continuai le sujet de la même manière, sous le titre de la *crise*, jusqu'à l'établissement complet de la révolution.

Après la déclaration d'indépendance, le Congrès, à mon insçu, me nomma unanimement secrétaire du département des affaires étrangères, j'en fus content, parce que cela me fournit une occasion d'examiner les talens des cours étrangères, & de voir leur manière de faire les affaires. Mais un mal-entendu ayant eu lieu entre le Congrès & moi, au sujet d'un de leurs commissaires, alors en Europe, M. Silas Deane, je résignai ma commission, & refusai en même tems les offres pécuniaires qui me furent faites par les ministres de France & d'Espagne, M. Gérard, & dom Juan Mirralles.

J'avois alors tellement gagné la confiance des Américains, & mon indépendance étoit si visible, que j'obtins une réputation dans la littérature politique, peut-être su-

C'est pervertir les termes, que de dire qu'une charte donne des droits, elle a un effet contraire.

───────────

périeure à celle d'aucun individu dans aucun pays du monde, & ce qui est encore plus extraordinaire, c'est que je la conservai jusqu'à la fin de la guerre, & que j'en jouis encore aujourd'hui. Comme ce n'étoit pas ma propre personne que j'avois en vue, je commençai dans la résolution, & heureusement avec la disposition, de ne me laisser émouvoir, ni par les louanges, ni par la censure, ni par l'amitié, ni par la calomnie, ni d'être diverti de mon objet par aucune altercation personnelle, & l'homme qui n'est pas capable de cela, n'est pas propre à avoir un caractere public.

Lorsque la guerre fut terminée, j'allai de Philadelphie à Borden-Town, sur la rive orientale de la *Delaware*, où j'ai une petite habitation. Le congrès étoit alors à *Prince-Town*, à quinze milles de-là, & le général Washington avoit établi son quartier à Rocky-Hill, dans le voisinage du Congrès, afin de résigner sa commission, (l'objet pour lequel il l'avoit acceptée étant accompli,) & de se retirer dans ses foyers. Pendant qu'il étoit occupé de cette affaire, il m'écrivit la lettre suivante :

A Rocky-Hill, le 10 Septembre 1783.

J'AI appris depuis mon arrivée ici, que vous étiez à Borden-Town. Je ne sais si c'est pour votre tranquillité ou par économie, que ce soit pour l'une ou pour l'autre, ou pour toutes les deux, ou quel que soit votre motif, si

qui est celui d'ôter des droits. Les droits sont inhérens dans tous les habitans; mais les chartes.

---

vous voulez venir ici, & partager ma fortune, je serai charmé de vous y voir.

Votre présence pourra rappeler au Congrès les services que vous avez rendus à ce pays; & s'il est en mon pouvoir d'y influer, disposez librement de moi; vous pouvez compter sur les efforts les plus grands de la part d'un homme, qui a la plus haute opinion de l'importance de vos ouvrages, & qui se dit avec beaucoup de plaisir,

Votre sincère ami,

G. WASHINGTON.

Pendant la guerre, vers la fin de l'année 1780, je formai le projet de passer en Angleterre; & je communiquai mon intention au général Green, qui étoit alors à Philadelphie, dans sa marche vers les provinces méridionales; le général Washington étant alors trop éloigné pour pouvoir directement communiquer avec lui. Je m'étois fortement mis dans la tête que, si je pouvois passer en Angleterre *incognito*, & y être en sûreté jusqu'à ce que j'eus pu publier un pamphlet, je pourrois désiller les yeux des habitans sur la folie & la stupidité de son gouvernement. Je voyois que les différens partis du Parlement s'étoient combattus autant qu'ils le pouvoient, & qu'ils étoient incapables de faire aucune nouvelle impression l'un sur l'autre. Le général Green entra tout-à-fait dans mes vues; mais l'affaire d'Arnold & d'André étant arrivée peu

en annulant ces droits dans la majorité, les laissent exclusivement entre les mains d'un petit

de tems après ; il changea d'avis, & ayant de grandes appréhensions pour ma sûreté, il m'écrivit d'une manière fort pressante d'Anapolis, dans le *Maryland*, d'abandonner ce projet, ce que je fis avec quelque répugnance. Peu après j'accompagnai le colonel Lawrens, fils de M. Lawrens, alors prisonnier à la tour de Londres, en France pour les affaires du Congrès. Nous débarquâmes à l'Orient, & tandis que j'étois encore-là, le colonel étant allé en avant, il arriva une circonstance qui fit renaître mon premier dessein. Un paquebot anglais de Falmouth à *New-york*, avec les dépêches du gouvernement, à bord, fut amené à l'Orient. Il n'est pas extraordinaire qu'un paquebot soit pris ; mais on aura peine à croire que les dépêches ayent été prises aussi, parce qu'elles pendent toujours à la fenêtre de la chambre du capitaine, dans un sac avec des boulets, de manière à pouvoir être jetées à la mer en un instant. Le fait est cependant tel que je le raconte ; car j'eus les dépêches entre les mains, & je les lus. Cette capture, selon ce que l'on m'a raconté, réussit de la manière suivante : le capitaine du corsaire la Madame, qui parloit bien anglais, en abordant le paquebot, se fit passer pour le capitaine d'une frégate anglaise, & invita le capitaine du paquebot à venir à bord, après quoi il envoya quelques uns de ses gens par derrière, qui s'assurèrent de la malle. Mais quelles qu'ayent été les circonstances de la prise, je parle avec certitude des dépêches du gouvernement. Elles furent envoyées à Paris, au comte de Ver-

nombre d'hommes. Si les chartes étoient faites de manière à exprimer en termes formels, » *que tout* » *habitant, qui n'est pas membre d'une corpora-* » *tion n'exercera pas le droit de voter*», de pareilles chartes seroient visiblement des chartes, non pas de droit, mais d'exclusion ; elles produisent les mêmes effets de la manière dont elles sont conçues; & les seules personnes qu'elles affectent, sont celles qu'elles excluent. Ceux dont on garantit les droits en ne les en privant pas, n'exercent d'autres droits que ceux auxquels ils peuvent prétendre comme membres de la communauté, sans aucune charte ; c'est pourquoi toutes les chartes n'ont qu'un effet négatif indirect. Elles n'accordent pas des droits à A, mais elles font une dif-

gennes, & quand le colonel Lawrens & moi retournâmes en Amérique, nous portâmes les originaux au Congrès.

Ces dépêches me firent voir plus que jamais la stupidité du cabinet d'Angleterre, & je repris ma première résolution. Mais le colonel Lawrens parut si peu disposé à retourner seul, principalement, parce qu'entr'autres choses nous étions chargés de plus de deux cents mille livres sterlings en espèces, (4,800,000 liv. tournois) que je me rendis à ses instances, & renonçai finalement à mon plan. Mais je suis persuadé que si j'avois pu l'exécuter, il n'auroit pas été sans succès.

férence en faveur d'A, en privant B de ses droits, & conséquemment sont des instrumens d'injustice.

Mais les chartes & les corporations, ont un mauvais effet, d'une plus grande étendue que ce qui a rapport aux élections. Elles sont les sources de querelles interminables, dans les endroits où elles existent; & elles diminuent les droits communs de la nation. Un Anglais naturel, sous la verge de ces chartes & de ces corporations, ne sauroit être appelé Anglais dans toute l'étendue du terme; il n'est pas un citoyen libre de la nation, comme un Français l'est en France, & un Américain en Amérique; ses droits sont circonscrits à la ville, & dans quelques circonstances, à la paroisse où il est né; & toutes les autres parties de son pays natal, sont pour lui une terre étrangère. Pour y obtenir le droit de résidence, il faut qu'il s'y fasse naturaliser par argent, ou on lui défend la place. Cette espèce de féodalité, est conservée pour aggrandir les corporations sur les ruines des villes; & l'effet en est visible.

La plûpart des villes avec des corporations, sont dans un état de décadence, & il n'y a que quelques circonstances dans leur situation, qui empêchent leur ruine totale, telles qu'une rivière navigable ou un pays fertile. Comme la population est une des principales sources de l'opulence, (car sans la population, les terres mêmes n'ont aucune valeur), tout ce qui tend à l'empêcher doit diminuer la valeur des propriétés; & comme les corporations non-seulement tendent à cela, mais le font même directement, elles ne peuvent qu'être nuisibles. Si, au lieu de la liberté générale accordée en France & en Amérique, à tous les individus, de s'établir où ils voudront, on vouloit suivre une autre politique, il seroit plus conséquent de donner des encouragemens aux nouveaux venus, que de s'opposer à leur établissement en exigeant d'eux des sommes d'argent (1).

Les personnes les plus immédiatement intéres-

---

(1) Il est difficile de tracer l'origine des villes privilégiées ou à corporation, à moins de supposer qu'elle vient de quelqu'espèce de service de garnison. Le tems où elles commencèrent justifie cette idée. La plupart de ces villes ont été des villes de guerre; & les corporations étoient chargées du soin des portes, lorsqu'il n'y avoit pas de garnison. Leur refus d'admettre les étrangers, qui a produit la coutume de donner, de vendre & d'acheter la liberté, tient plus de l'autorité militaire que du gouvernement civil. Les soldats ont droit de cité dans toutes les corporations du royaume, par la même raison qu'ils ont ce droit dans les garnisons, & nulle autre personne. Ils peuvent, avec la permission de leurs officiers, suivre la profession qu'il leur plaît dans toutes les villes du royaume.

sées à l'abolition des corporations, sont les habitans des villes où elles existent. L'exemple de Manchester, de Birmingham & de Sheffield, montre, par un contraste, le tort que ces institutions gothiques font aux propriétés & au commerce. On peut trouver quelques exemples du contraire, tel que celui de Londres, dont les avantages naturels & commerciaux, à cause de sa situation sur la Tamise, peuvent luter contre les maux politiques d'une corporation ; mais dans tous les autres cas, les maux produits par les corporations, sont trop visibles pour qu'on puisse les nier ou même en douter.

Quoique la Nation entière ne soit pas si directement affectée par le dépérissement des propriétés dans les villes à corporations, que les habitans de ces mêmes villes, elle en partage néanmoins les conséquences. En diminuant la valeur des propriétés, la quantité du commerce de la Nation est aussi diminuée. Tout homme achette selon ses facultés ; & comme toutes les parties d'une nation commercent les unes avec les autres, ce qui affecte l'une des parties, doit nécessairement se communiquer au tout.

Comme une des Chambres du Parlement d'Angleterre est principalement formée des élections de ces corporations ; & comme il n'est pas naturel de voir sortir un clair ruisseau d'une source bourbeuse, ses vices ne sont que la continuation des vices de son origine. Un homme d'honneur & qui a de bons principes politiques, ne sauroit se soumettre à la basssese & aux vils artifices par lesquels ces élections sont faites. Pour réussir dans son élection, il faut qu'il soit dénué des qualités qui constituent un juste Législateur; & étant ainsi dressé à la corruption par la manière d'entrer en Parlement, on ne doit pas s'attendre que le Représentant sera plus intègre que le Candidat.

M. Burke, en parlant de la représentation anglaise, a donné un défi aussi hardi que dans les tems de la chevalerie. « Notre représentation, » dit-il, a été trouvée *répondre parfaitement à* » *toutes les fins* pour lesquelles on peut desirer » ou établir une représentation du peuple. Je dé- » fie, ajoute-t-il, les ennemis de notre constitu- » tion de prouver le contraire ». — Cette déclaration, de la part d'un homme qui s'est constamment opposé, pendant le cours de sa vie politique (un an ou deux exceptés,) à toutes les mesures du Parlement, est fort extraordinaire; &, en le comparant avec lui-même, elle n'admet point d'autre alternative que celle-ci : ou il a agi contre son opinion, comme Membre du Parlement, ou il a fait une déclaration contraire à son jugement, comme auteur.

Mais le vice ne gît pas seulement dans la représentation, c'est pourquoi je passe à l'aristocratie.

Ce que l'on appelle la Chambre des Pairs est constitué sur un principe à-peu-près semblable à celui contre lequel il y a une loi dans d'autres circonstances. C'est une combinaison de personnes ayant les mêmes intérêts. On ne sauroit assigner aucune raison pourquoi une Chambre de Législateurs est plutôt composée d'hommes dont les occupations sont principalement de louer des terres que de ceux qui en sont les fermiers, ou de brasseurs, ou de boulangers, ou de toute autre classe d'hommes.

M. Burke appelle cette chambre, « *la base & le pilier de sûreté de l'intérêt territorial* ». Examinons cette idée.

Quel pilier de l'intérêt territorial exige-t-il de plus que les autres propriétés de l'État, ou quel droit a-t-il à une représentation distincte & séparée de la généralité des autres propriétés de la nation ? Le seul usage qu'il puisse faire de ce privilége, (& qu'il en a toujours fait,) c'est de se soustraire aux impôts, & d'en rejeter le fardeau sur les articles de consommation qui portent le moins sur lui.

Il est évident, par l'histoire des taxes de l'Angleterre, que telles ont été chez elles les conséquences qu'a produites cette chambre privilégiée, & que les gouvernemens institués sur des corporations n'en produiront jamais d'autres.

Quoique les taxes aient augmenté sur tous les articles de consommation, l'impôt territorial qui touche plus particulièrement ce *« pilier »* a diminué. En 1788, l'impôt territorial rapportoit 1,950,000 l. sterlings (46,800,000 l. tournois), qui est un million de moins qu'il ne produisoit il y a près de cent ans (1), quoique les rentes soient presque doublées depuis cette époque.

Avant l'avénement de la maison d'Hanovre, les impôts étoient presque également partagés entre les propriétés territoriales & les articles de consommation, les terres en supportant plutôt une plus grande portion; mais depuis cette époque, on a mis près de treize millions annuellement (312,000,000 l. tournois) de nouveaux impôts

---

(1) *Voyez* Sir John-Sainclair, histoire du revenu. L'impôt territorial, en 1646, rapportoit 2,473,499 liv. sterlings.

sur la consommation. La conséquence a été, une augmentation continuelle du nombre & de la misère des pauvres, & des taxes pour les pauvres. Cependant, ici comme ailleurs, le fardeau ne tombe pas sur l'aristocratie en proportion du reste de la communauté. Leurs maisons, soit à la ville ou à la campagne, ne sont pas placées auprès de celles des pauvres. Ils vivent loin de la détresse, sans être assujettis aux dépenses exigées pour la soulager. C'est dans les villes de manufacture & dans les villages où ces taxes pèsent le plus; dans plusieurs desquels c'est une classe de pauvres qui soutient l'autre.

Plusieurs des impôts les plus onéreux, & les plus *productifs* sont tellement mis, que ce *pilier*, qui se tient toujours sur la défensive, en est exempt. L'impôt sur la bierre à vendre n'affecte pas l'aristocratie qui fait sa propre bierre sans être assujettie à ce droit. Il ne tombe que sur ceux qui n'ont pas les facultés ou la commodité de brasser, & qui achettent en détail. Mais que pensera-t-on de la justice de l'impôt, lorsqu'on saura que cette taxe seule, dont l'aristocratie se trouve, par circonstance, exempte, est presque égale à la totalité de l'impôt territorial, montant en l'année 1788, (& elle n'est pas moindre actuellement), à 1,666,152 liv. sterlings; & en

comptant

comptant les droits sur la drèche & sur le houblon, elle est plus considérable. — Qu'un seul article, consommé partiellement & principalement par les ouvriers, soit sujet à un impôt égal à la totalité de l'impôt territorial, est peut-être une chose sans exemple dans l'histoire des revenus.

Voilà une des conséquences qui résultent de ce qu'une chambre de la législature est composée sur un principe de combinaison d'intérêts communs ; car, quelles que soient les opinions politiques de ses membres, en fait de partis, ils se réunissent toujours pour cela. Qu'une combinaison agisse pour augmenter le prix des denrées ou le salaire des ouvriers, ou qu'elle agisse pour s'exempter des taxes & les faire retomber sur une autre classe de la communauté, le principe & les effets sont les mêmes ; & si l'une est illégale, il sera difficile de prouver que l'autre doive exister.

Il est puéril de dire que les impôts sont d'abord proposés dans la Chambre des Communes ; car comme la Chambre des Pairs a toujours une négative, elle est toujours en état de se défendre ; & il seroit ridicule de supposer qu'on ne connût pas d'avance son acquiescement à la mesure proposée. Outre cela, l'aristocratie a obtenu une si

I

grande influence par le trafic des bourgs, & il y a un si grand nombre de ses parens & de ses amis dans les deux partis de la Chambre des Communes, que cela lui donne, outre une négative absolue dans une Chambre, une grande prépondérance dans l'autre, dans toutes les affaires de la Nation.

Il est difficile de découvrir ce que l'on veut dire par l'*intérêt territorial*, si cela ne signifie pas une combinaison de propriétaires territoriaux aristocrates, qui opposent leur intérêt particulier à celui du fermier, & de toutes les autres branches de commerce & de manufacture. A tous autres égards, c'est le seul intérêt qui n'a pas besoin de protection partielle. Il jouit de la protection générale du monde. Tout individu, riche ou pauvre, est intéressé aux productions de la terre. Les hommes, les femmes & les enfans, de tout âge & de toute condition, voleront au secours du fermier, plutôt que de souffrir qu'une moisson soit perdue; & ils n'en agiront pas ainsi par rapport aux autres propriétés. C'est la seule propriété pour laquelle on offre au Ciel les prières communes, & la seule qui ne sauroit jamais manquer, faute de moyens. C'est l'intérêt, non pas de la politique, mais de l'existence de l'homme; & quand il cessera d'exister, l'homme cessera aussi.

Il n'y a pas d'autre intérêt dans une Nation qui réunisse les mêmes appuis. Le commerce, les manufactures, les arts, les sciences & tous les autres, en comparaison de celui-ci, ne sont soutenus que partiellement. Leur prospérité ou leur décadence n'a pas une influence aussi universelle. Quand les vallées sourient & chantent, ce n'est pas le fermier seul, mais toute la création qui se réjouit. C'est une prospérité qui exclut l'envie, & on ne sauroit en dire autant d'aucune autre chose.

Pourquoi donc M. Burke parle-t-il de sa Chambre des Pairs comme du pilier de l'intérêt territorial? Si ce pilier étoit englouti dans la terre, la même propriété territoriale n'en existeroit pas moins, & on continueroit également de labourer, de semer & de recueillir. L'aristocratie n'est pas composée des fermiers qui cultivent la terre & ses productions; mais de ceux qui les consomment; & quand on compare les aristocrates à la partie laborieuse de l'espèce humaine, ils en sont les bourdons, & forment un sérail de mâles, qui ne travaillent ni au miel ni à la ruche, mais qui n'existent que pour jouir dans l'indolence.

M. Burke, dans son premier essai, a appelé l'aristocratie, « *le chapiteau corinthien de la société civilisée* ». Afin de completter la figure, il vient d'y ajouter le *pilier* ou la *colonne* ; mais il y manque encore la base ; & quand il plaira à une nation d'agir comme Samson, non pas aveuglément, mais hardiment, adieu le temple de Dagon, les Pairs & les Philistins.

Si l'on compose une chambre de la législature d'hommes de la même classe pour protéger un intérêt distinct, tous les autres intérêts devroient avoir le même avantage. L'inégalité, ainsi que le fardeau des impôts, vient de ce qu'on l'admet dans un cas & point dans tous. S'il y avoit eu une chambre de fermiers, *l'acte de la chasse* n'existeroit pas ; ou une chambre de négocians & de manufacturiers, les taxes ne seroient pas si inégalement réparties, ou si excessives. Le pouvoir d'imposer n'a fait un tel ravage que parce qu'il étoit entre les mains de ceux qui avoient intérêt à s'y soustraire.

Les hommes qui n'ont que de petits revenus, souffrent plus de ce que les taxes sont mises sur les articles de consommation, qu'ils ne gagnent par la diminution d'impôts sur leurs terres, pour les raisons suivantes :

Premièrement, ils consomment plus des articles imposés, en proportion de leurs revenus, que ceux qui ont de grands biens.

Secondement, ils résident principalement dans

les villes : leurs propriétés consistent en maisons; & l'augmentation de la taxe des pauvres, occasionnée par les impôts sur la consommation, est beaucoup plus considérable que l'impôt territorial. A Birmingham, on ne paye pas moins de sept chelins par livre pour la taxe des pauvres. L'aristocratie, comme nous l'avons déjà observé, en est en grande partie exempte.

Ceci ne fait qu'une partie des maux occasionnés par le pitoyable système d'une chambre de pairs.

Comme corporation, elle peut toujours s'exempter d'une partie des taxes ; & comme chambre héréditaire, n'étant responsable à personne, elle ressemble à un bourg pourri, dont il faut mendier le suffrage & le crédit. Il y a très-peu de ses membres qui ne participent pas de manière ou d'autre au trésor public, ou qui n'en sont pas les dispensateurs. L'un devient porte-chandelier, ou gentilhomme servant, ou gentilhomme de la chambre, ou écuyer trancha..., ou prend quelqu'autre place nominale aussi ridicule; à laquelle on attache un salaire payé du trésor public, afin que la corruption ne soit pas si visible. De pareilles situations sont dérogatoires au caractère de l'homme ; & là où on peut s'y soumettre, l'honneur ne sauroit résider.

A tous ceux-ci il faut ajouter les nombreux

dépendans, la longue liste des cadets & de parens éloignés pour lesquels il faut faire des provisions aux dépens du public; en un mot, si l'on estimoit ce que coûte l'aristocratie à une nation, on trouveroit que pour son entretien il ne faut guère moins de taxes que pour celui des pauvres. Le duc de Richmond, seul (& il y en a plusieurs autres dans le même cas), prend pour lui un revenu suffisant pour entretenir deux mille pauvres ou vieillards. Est-il donc bien surprenant qu'avec un pareil système de gouvernement les taxes soient parvenues au point où elles sont ?

En exposant ces faits, je parle ouvertement & sans aucun motif d'intérêt, mes paroles sont dictées par l'humanité & non pas par la passion. Il n'est pas surprenant que la bassesse & la fourberie me paroissent dégoûtantes, à moi, qui ai non-seulement refusé des offres, que je ne croyois pas convenables, mais même des récompenses que j'aurois pu accepter sans rougir. L'indépendance fait mon bonheur, & je vois les choses telles qu'elles sont, sans avoir égard au rang & aux personnes; mon pays est le monde, & ma religion est de faire le bien.

M. Burke, en parlant du droit aristocratique d'aînesse, dit: « C'est le droit de notre héritage terri-
» torial, qui, sans doute, tend, & ajoute-t-il, tend

» heureusement à conserver un caractère d'im-
» portance & de prépondérance ».

M. Burke peut appeler cette loi comme il lui plaira ; mais l'humanité & la réflexion impartiale la dénonceront comme une loi brutale & injuste ; si nous n'y étions pas accoutumés, par une pratique journalière, & si nous en entendions parler comme d'une loi qui existe dans quelque partie du monde, fort éloignée, nous conclurions que les législateurs de ces pays-là ne sont pas encore parvenus à l'état de civilisation.

Quant à ce qu'elle conserve un caractère *d'importance & de prépondérance*, cela me paroît tout-à-fait l'inverse ; c'est une tache sur le caractère, une espece de pillage des biens de famille; cela peut donner de la prépondérance auprès des fermiers qui dépendent de vous ; mais on n'en acquiert aucune dans la balance du caractère national, & encore moins dans celle du caractère universel. Par exemple, mes parens n'étoient pas en état de me donner un seul chelin au-delà de ce qu'ils firent pour mon éducation, & ils se sont même gênés pour m'éduquer ; cependant je possède beaucoup plus de ce qu'on appelle importance dans le monde, qu'aucun de ceux qui sont dans le catalogue d'aristocrates de M. Burke.

Ayant jeté un coup-d'œil sur quelques-uns des

défauts des deux Chambres du Parlement, je passe à l'examen de ce que l'on appelle la couronne, & je serai fort court.

La couronne est une fonction nominale d'un million sterling par an : celui qui la porte n'a rien autre chose à faire qu'à recevoir l'argent. Qu'il soit sage ou fou, dans son bon sens, ou insensé, né dans le pays, ou étranger, cela n'y fait rien. Chaque ministère agit selon les mêmes principes que M. Burke écrit; savoir, que le peuple doit être aveuglé & tenu dans une ignorance superstitieuse par quelque déception ; & ce que l'on appelle la couronne répond parfaitement à ces vues ; c'est pourquoi elle remplit toutes les fins qu'on doit en attendre ; c'est beaucoup plus qu'on en pourroit dire des deux autres branches.

Le danger auquel cette fonction est sujette, n'est pas ce qui peut arriver au fonctionnaire, mais ce qui peut arriver à la nation, que celle-ci ne revienne à son bon sens.

On avoit coutume d'appeler la couronne le pouvoir exécutif, et cette coutume est restée, quoique la raison ait cessé.

On l'appeloit le pouvoir *exécutif*, parce que la personne qui la possédoit avoit autrefois coutume de siéger comme juge pour administrer ou pour exécuter les lois. Les tribunaux faisoient alors partie de la cour; c'est pourquoi le pouvoir qu'on appelle aujourd'hui judiciaire étoit alors appelé exécutif; conséquemment l'une ou l'autre de ces dénominations est redondante, & l'une des fonctions inutile. Quand nous parlons actuellement de la couronne, cela ne veut rien dire, cela ne signifie ni un juge ni un général : outre cela ce sont les lois qui gouvernent & non pas l'homme. On a conservé les anciens noms pour donner une apparence d'importance à de vaines formes, & le seul effet qu'elles aient c'est d'augmenter les dépenses.

Avant de passer aux moyens de rendre les gouvernemens plus propres au bonheur général du genre humain, qu'ils ne le sont maintenant, il ne sera pas inutile de jeter un coup-d'œil sur les progrès des impôts en Angleterre.

C'est une idée générale, que lorsque les taxes sont une fois mises, elle ne sont jamais ôtées. Quelque vraie que puisse être cette assertion depuis quelque tems, il n'en a pas toujours été ainsi. Ou donc les peuples de l'ancien tems surveilloient le gouvernement de plus près que ceux d'aujourd'hui, ou le gouvernement étoit administré avec plus d'économie.

Il s'est écoulé plus de sept cents ans, depuis la conquête des Normans, & l'établissement de ce qu'on appelle la couronne; en divisant cet espace de tems en sept périodes de cent ans chacune, le montant des impôts annuels, dans chaque période, sera comme suit :

Montant des impôts levés annuellement par Guillaume-le-Conquérant, commençant en l'année 1066, l.(1)400,000

Montant des impôts cent ans après la conquête, en 1166, ... 200,000

Montant des impôts deux cents ans après la conquête, en 1266, ... 150,000

Montant des impôts trois cents ans après la conquête, en 1366, ... 130,000

Montant des impôts quatre cents ans après la conquête, en 1466, .. 100,000

Ces états & ceux qui suivent, sont pris de l'histoire du revenu de Sir John Sinclair; par lesquels il paroît que les impôts allèrent en diminuant pendant quatre cents ans, à l'expiration desquels ils étoient réduits des trois quarts, savoir,

---

(1) *N. B.* Toutes ces sommes & celles que nous mettrons par la suite sont des livres sterlings; la livre sterling équivaut à un louis, ainsi il sera aisé d'en faire le calcul.

de quatre cent mille livres à cent mille. Le peuple d'Angleterre actuel a une idée historique & par tradition de la bravoure de ses ancêtres ; mais quels qu'aient été leur vices ou leurs vertus, c'étoit sûrement un peuple, qui ne vouloit pas qu'on lui en imposât, & qui tenoit le gouvernement en respect par rapport aux taxes, sinon, par rapport aux principes. Quoiqu'il ne fût pas capable d'expulser l'usurpation monarchique, il la restreignit à une économie républicaine de taxes.

Voyons à présent les trois autres cents ans.

Montant annuel des impôts cinq cents ans après la conquête, en 1566, ... 1,500,000
Montant des impôts six cents ans après la conquête, en 1666, 1,800,000
Montant annuel des impôts au moment actuel, en 1791, . 17,000,000

La différence entre les quatre premiers siècles & les trois derniers, est tellement étonnante, qu'on peut bien croire sans crainte de se tromper, que le caractère des Anglais est changé. Il auroit été impossible d'entraîner les Anglais d'autrefois dans les impôts excessifs qui existent aujourd'hui ; & quand on considère que la paye de l'armée de la marine & de tous les employés, est la même aujourd'hui qu'elle étoit il y a plus de cent ans, lorsque les taxes ne montoient pas à un dixième de de ce qu'elles sont actuellement, il paroît impossible de rendre compte de cette augmentation énorme de dépenses, sans l'attribuer à l'extravagance, à la corruption & à l'intrigue (1).

―――――――――――――――――――

(1) Plusieurs des journaux de la cour ont souvent fait mention depuis peu de Wat-Tyler. Il n'est pas surprenant que sa mémoire soit attaquée par les parasites de la cour, & par tous ceux qui vivent des dépouilles du public. Il fut cependant fort utile pour arrêter la fureur & l'injustice des impôts dans son tems, & la nation doit beaucoup à sa valeur. L'histoire est en deux mots ce qui suit : — Du tems de Richard II, on leva une capitation d'un cheling par tête sur tous les individus de la nation, de quelque condition qu'ils fussent, sur les pauvres ainsi que sur les riches qui avoient passé l'âge de quinze ans. Si cette loi accordoit quelque faveur, c'étoit plutôt au riche qu'au pauvre; puisque personne ne pouvoit être imposé à plus de vingt chelings, pour sa famille & ses domestiques, quelque nombreux qu'ils pussent être ; tandis que les autres familles au-dessous de vingt personnes étoient taxées par tête. Les capitations avoient toujours été odieuses ; mais celle-ci, étant si oppressive & si injuste, excita, comme cela doit être, de grands mécontentemens parmi les pauvres & la classe mitoyenne. La personne connue sous la dénomination de Wat-Tyler, dont le vrai nom étoit

Le système destructeur des intrigues & la rage des guerres & des possessions étrangères, se sont

---

Walter, couvreur de profession, demeuroit à Deptford. Le collecteur de la capitation, en entrant chez lui, demanda l'impôt pour une de ses filles, que Tyler déclara n'avoir pas quinze ans. Le collecteur insista & commença à examiner la fille d'une manière indécente, ce qui irrita tellement le père, qu'il lui donna un coup de marteau, qui le jeta par terre, & dont il mourut.

Cette circonstance servit à manifester les mécontentemens. Les habitans du voisinage épousèrent la cause de Tyler, qui sous peu de jours, fut joint, selon quelques histoires, par plus de cinquante mille hommes qui le nommèrent leur chef. Avec ces forces il marcha vers Londres, pour demander l'abolition de cette taxe & le redressement d'autres griefs. La cour se trouvant sans appui & incapable de résister, convint, avec Richard à sa tête, d'avoir une conférence avec Tyler dans Smithfield, faisant de très-belles protestations, selon la méthode ordinaire, de redresser les oppressions. Tandis que Richard & Tyler conversoient ensemble sur ces objets, étant tous deux à cheval, Walworth, alors maire de Londres, & l'une des créatures de la cour, saisit une occasion, & comme un infâme assassin, perça Tyler d'un coup de poignard; & deux ou trois autres tombant ensuite sur lui, il fut en un instant sacrifié.

Il paroît que Tyler étoit un homme intrépide & désintéressé quant à lui-même. Toutes les propositions qu'il fit à Richard, étoient fondées sur de plus justes bases que

introduits avec la révolution de 1688, & plus encore depuis la succession d'Hanovre : ces systêmes sont tellement mystérieux, qu'il est impossible de pouvoir faire rendre des comptes ; une simple ligne contient des millions. Il est impossible de calculer jusqu'à quel point les taxes auroient été portées, si la révolution française n'avoit pas contribué à rompre ce système & à mettre fin aux prétextes. Cette révolution considérée comme elle doit l'être, comme un heureux moyen de diminuer les impôts immenses des deux pays, est aussi importante à l'Angleterre, qu'à la France; & si on en tire tous les avantages dont elle est susceptible, & auxquels elle conduit, mérite autant d'être célébrée dans un pays que dans l'autre.

En suivant ce sujet, je vais commencer par la matière qui se présente la première, celle de diminuer les impôts; & j'ajouterai ensuite des propositions concernant l'Angleterre, la France &

---

celles qui furent faites à Jean par les Barons ; & malgré la flatterie des historiens, & des hommes tels que M. Burke, qui cherchent à cacher une vile action de la cour en calomniant Tyler, sa réputation survivra à leur fausseté. Si les Barons méritoient qu'on leur élevât un monument à Runnymede, Tyler mérite qu'on lui en élève un dans Smithfield.

l'Amérique, que la perspective présente des choses paroît justifier : je veux dire une alliance des trois Etats, pour les fins dont je ferai mention en tems & lieu.

Ce qui est arrivé peut encore arriver, par l'état des progrès des impôts ci-devant cité ; on voit que les taxes ont été réduites dans un tems au quart de ce qu'elles avoient été auparavant. Quoique les circonstances actuelles n'admettent pas la même réduction, cependant elles sont susceptibles d'un commencement qui peut accomplir cette fin en moins de tems que dans le premier cas.

Le montant des taxes pour l'année qui finit à la S. Michel 1788, étoit comme suit :

Impôt territorial.	l. 1,950,000
Douanes.	3,789,274
Octrois (y compris la vieille & la nouvelle drêche).	6,751,727
Timbre.	1,278,214
Autres impôts mélangés & casuels.	1,803,755
	l. 15,572,970

Depuis l'année 1788, on a mis plus d'un million de nouvelles taxes, outre le produit des loteries; & comme les impôts ont en général fourni davantage qu'auparavant, on peut estimer le montant de la totalité à la somme de l. 17,000,000.

N. B. Les frais de perception & les remises sur les exportations, qui montent ensemble à près de deux millions, sont payés sur la totalité de la recette, & la somme ci-dessus mentionnée est celle qui entre nette dans l'échiquier.

Cette somme de dix-sept millions est appliquée à deux différens objets; l'un pour payer l'intérêt de la dette nationale, l'autre pour les dépenses de l'administration. Il y en a environ neuf millions d'employés au premier, & le reste au dernier. Quant aux millions que l'on dit appliqués à la réduction de la dette, cela ressemble tant à un homme qui paye d'une main pour prendre de l'autre, qu'il n'est pas digne de nous d'y faire attention.

Il arriva heureusement pour la France qu'elle avoit des domaines nationaux, pour payer sa dette, & par ce moyen diminuer ses impôts; mais comme l'Angleterre n'est pas dans ce cas-là, elle ne sauroit réduire ses taxes qu'en réduisant ses dépenses; ce que l'on pourroit faire maintenant de quatre ou cinq millions par an, comme

on

on le verra par la suite. Quand on aura accompli cette réforme, elle contre-balancera les dépenses énormes encourues par la guerre de l'Amérique ; & l'épargne viendra de la même source d'où le mal est sorti.

Quant à la dette nationale, quelqu'onéreux qu'en puisse être l'intérêt, cependant comme elle sert à mettre dans la circulation un capital utile au commerce, elle balance par ses propres effets une partie considérable de son propre poids; & comme la quantité d'or & d'argent qu'il y a en Angleterre est, par quelque cause quelconque, au-dessous de la proportion qu'elle doit en avoir (1), (elle n'a que vingt millions de numéraire, au lieu qu'elle devroit en avoir soixante,) ce seroit, sans parler de l'injustice de la mesure, une mauvaise politique d'éreindre un capital qui supplée à ce déficit. Mais quant aux dépenses courantes, tout ce que l'on épargne là-dessus est un bénéfice. Ses excès peuvent servir à entretenir la corruption, mais ils n'ont aucune réaction sur le crédit & sur le commerce, comme l'intérêt de la dette.

Il est maintenant très-probable que le gouver-

_____

(1) Les intrigues, les guerres & les dominations étrangères sont principalement les causes de ce déficit.

K

nement anglais, (je n'entends pas la nation,) n'est pas partisan de la révolution française. Tout ce qui sert à exposer l'intrigue & à diminuer l'influence des cours, en diminuant les impôts, n'est pas agréable à ceux qui se repaissent des dépouilles. Tant qu'on a pu soutenir le cri des intrigues de la France, du pouvoir arbitraire, de la papauté, & des sabots, il étoit facile d'alarmer la Nation & de la faire consentir à de nouveaux impôts. maintenant ce tems n'est plus; la fraude a recueilli sa dernière moisson, & les deux pays, ainsi que le monde entier, ont devant les yeux la perspective de tems plus propices.

En supposant qu'il puisse se former une alliance avec l'Angleterre, la France & l'Amérique, pour les fins dont nous ferons mention par la suite, les dépenses de la France & de l'Angleterre pourroient en conséquence être diminuées. Elles n'auroient plus besoin des mêmes flottes, ni des mêmes armées, & elles pourroient chacune de son côté faire une réduction, navire pour navire. Mais pour obtenir ces objets, il faut nécessairement que les gouvernemens soient calqués sur un principe commun. La confiance ne sauroit jamais avoir lieu, tant qu'il restera dans l'une ou dans l'autre une disposition hostile, ou tant que le mystère & le secret d'un côté, seront opposés à la candeur & à la franchise, de l'autre.

Ces suppositions admises, les dépenses nationales pourroient être réduites, *par exemple*, à ce qu'elles étoient à une époque où la France & l'Angleterre n'étoient pas ennemies. Cela doit être conséquemment à une époque antérieure à l'avénement de la maison d'Hanovre, & de la révolution de 1688 (1).

La premiere période qui se présente antérieure à

---

(1) Je me trouvai par hasard en Angleterre au tems où l'on célébroit l'anniversaire de la révolution de 1688. Les caractères de Guillaume & de Marie m'ont toujours paru détestables; l'un cherchant à détruire son oncle, & l'autre son propre père, pour s'emparer eux-mêmes du pouvoir; cependant comme la nation étoit disposée à célébrer cet événement, je fus peiné de voir qu'elle en attribuoit tout l'honneur à un homme qui l'avoit entrepris comme un excellent marché, & qui, outre ce qu'il acquit d'une autre maniere, compta six cents mille livres sterlings pour la dépense de la petite flotte qui l'avoit amené d'Hollande. George premier agit autant en Juif que Guillaume, & acheta le duché de Bremin avec l'argent qu'il tira d'Angleterre, deux cent cinquante mille livres sterlings, au-delà de son salaire comme roi; & après l'avoir ainsi acheté aux dépens de l'Angleterre, il l'ajouta à ses possessions d'Hanovre, pour son avantage particulier. En un mot, toute nation qui ne se gouverne pas elle-même, est gouvernée comme un marché à l'entreprise. L'Angleterre a été la proie de ces marchés depuis la révolution.

celles dont nous venons de faire mention est celle du règne prodigue & dissipateur de Charles II, auquel tems la France & l'Angleterre étoient alliées. Si j'ai choisi des tems de prodigalité, cela servira à faire paroître dans un plus grand jour l'extravagance moderne, sur-tout comme la paye de la marine, de l'armée & des employés à la perception des impôts, n'est pas augmentée depuis ce tems-là.

L'établissement de paix étoit alors comme suit : *voyez* l'histoire du revenu, par *Sir John Sinclair*.

Marine.	l. 300,000
Armée.	212,000
Artillerie.	40,000
Liste civile.	462,115
	l. 1,014,115

Cependant le parlement fixa le total de l'établissement de paix à 1,200,000 liv. (1). Si nous

_____

(1) Charles, ainsi que ses prédécesseurs & ses successeurs, trouvant que la guerre étoit la moisson des gouvernemens, s'engagea dans une guerre avec la Hollande, dont les frais firent monter la dépense annuelle de l'Etat à l. 1,800,000, comme nous en avons donné l'état à l'époque de 1666 ; mais l'établissement de paix n'étoit que

remontons au tems d'Elisabeth, le montant de toutes les taxes n'excédoit pas un demi-million; cependant la nation n'a rien vu pendant cette période, qui pût lui attirer le reproche de manque d'importance.

C'est pourquoi, toutes circonstances considérées, provenant de la révolution française, de l'harmonie prochaine & de l'intérêt des deux nations, de l'abolition des intrigues de la cour des deux côtés & des progrès dans la science du gouvernement, la dépense annuelle pourroit être fixée à un million & demi; savoir,

Marine.	l. 500,000
Armée.	500,000
Dépenses du gouvernement.	500,000
	l. 1,500,000

Cette somme est encore six fois plus considérable que la dépense du gouvernement de l'Amérique; cependant le gouvernement civil intérieur d'Angleterre, (j'entends celui qui est administré par le moyen des sessions de quartier, des jurés & des assises, & qui, dans le fait, est presque

_____

d'un million deux cents mille livres sterlings. (Nous entendons par-tout livres sterlings, ou louis).

la totalité de ce gouvernement, & qui est exécuté par la nation,) coûte moins au tréfor public que cette portion du gouvernement en Amérique.

Il est tems que les nations deviennent raisonnables, & qu'elles ne se laissent pas gouverner comme des animaux, pour le plaisir de ceux qui les montent. En lisant l'histoire des rois, on seroit tenté de supposer que le gouvernement consistoit à chasser le cerf, & que chaque nation payoit un million par an à un chasseur. L'homme doit avoir assez d'orgueil ou de pudeur pour rougir de ce qu'on lui en impose de cette manière, & quand il sentira sa propre dignité, il ne manquera pas de le faire paroître. En réfléchissant sur tous les sujets de cette nature, il lui passe souvent dans l'esprit une chaîne d'idées qu'il n'ose pas encore encourager ou communiquer. Restreint par quelque chose qui prend le caractère de la prudence, il est hypocrite vis-à-vis de lui-même comme vis-à-vis des autres. Il est néanmoins curieux d'observer avec quelle facilité cet enchantement est dissipé. Une seule expression, conçue & énoncée hardiment, rappelle souvent toute une compagnie aux sentimens qu'elle devroit avoir, & les nations entières sont mues de la même manière.

Quant aux places qui appartiennent à un gouvernement civil, il importe fort peu quel nom on leur donne. Dans la routine des affaires, comme nous l'avons déjà observé, qu'un homme soit appelé président, roi, empereur, sénateur, ou autrement, il est impossible que les services qu'il est dans le cas de rendre puissent mériter d'une nation plus de dix mille louis par an, & comme on ne doit payer personne au-delà de ses services, de même aussi tout homme de cœur n'acceptera pas davantage. L'argent public ne doit se toucher qu'avec la conviction la plus scrupuleuse d'honneur. Ce n'est pas le produit des richesses seulement, mais aussi celui du dur travail & de la pauvreté. Il est même tiré de l'amertume du besoin & de la misère. Il n'y a pas un mendiant qui passe ou qui périt dans la rue, dont le denier n'est pas dans cette masse.

S'il étoit possible que le Congrès de l'Amérique fût assez peu sensible à ses devoirs, & aux intérêts de ses commettans, pour offrir au général Washington, comme président de l'Amérique, un million par an, il ne voudroit, ni ne pourroit l'accepter. Ses idées de l'honneur sont d'un autre genre. Il a coûté à l'Angleterre près de soixante dix millions sterlings pour le soutien d'une famille importée de chez l'étranger, qui avoit des talens bien inférieurs à ceux de milliers d'individus de la nation ; il s'est à peine écoulé une seule année sans de nouvelles demandes mercenaires de sa part ; elle a même envoyé les mémoires des médecins pour être payés par le public. Il n'est donc pas surprenant que les prisons regorgent, & que les impôts & les taxes des pauvres soient augmentés. Avec de pareils systêmes, on ne peut attendre que ce qui est déjà arrivé ; & quant à une réforme, à quelqu'époque qu'elle arrive, elle viendra de la nation, & non pas du gouvernement.

Pour montrer que la somme de l. 500,000 est plus que suffisante pour défrayer toutes les dépenses du gouvernement, exclusivement de celles de la marine & de l'armée, l'état suivant est calqué pour tout gouvernement de l'étendue de l'Angleterre.

En premier lieu, trois cens représentans, justement élus, sont suffisans pour toutes les fins de la législation, & préférables à un plus grand nombre. Ils peuvent s'assembler dans deux ou trois Chambres, ou dans une comme en France, ou selon que la constitution l'aura réglé.

Comme, dans les pays libres, la représentation est toujours considérée comme le plus honorable de tous les emplois, les honoraires qu'on lui

(153)

assigne sont simplement pour payer les dépenses que le représentant est obligé de faire pour ce service, & ne sont pas comme le salaire d'une place.

Si on accorde à chaque représentant une somme de 500 louis par an, en faisant des déductions pour le tems où il ne sera pas en activité, toute la dépense, s'ils étoient tous en activité pendant six mois, seroit de, ... } 75,000 louis.

Les départemens officiels ne peuvent raisonnablement excéder ce nombre-là, ni la paye qui y est attachée.

Trois fonctions à	l. 10,000 chacune.	L. 30,000
Dix ditto à. . .	5,000 chacune.	50,000
Vingt ditto à. . .	2,000 chacune.	40,000
Quarante ditto à. .	1,000 chacune.	40,000
Deux cents ditto à. .	500 chacune.	100,000
Trois cents ditto à. .	200 chacune.	60,000
Cinq cents ditto à. .	100 chacune.	50,000
Sept cents ditto à. .	75 chacune.	52,500
		l. 422,500

Si une nation le juge à propos, elle peut produire quatre pour cent sur toutes les places, & en créer une de vingt mille livres sterlings, ou de vingt mille louis par an.

Tous les employés, pour la perception du revenu, sont payés de l'argent qu'ils perçoivent ; c'est pourquoi ils ne font point partie de cette dépense.

Le tableau ci-dessus n'est pas présenté comme un calcul exact des dépenses de toutes les fonctions, mais seulement pour faire voir le nombre de places que l'on pourroit entretenir avec cinquante mille livres sterlings; & l'expérience prouvera qu'il n'est pas même possible de trouver assez d'affaires pour justifier une pareille dépense. Quant à la méthode actuellement adoptée pour les affaires officielles, la voici : Les chefs de plusieurs bureaux, soit à la poste ou dans l'échiquier, &c, ne font que signer leur nom trois ou quatre fois par an, & les commis subalternes font le reste.

En accordant donc un million & demi comme un établissement de paix suffisant pour toutes les vues honnêtes du gouvernement, ce qui fait trois cens mille livres de plus que l'établissement de paix du regne pervers & prodigue de Charles II; (quoique, comme nous l'avons déjà observé, la paie de l'armée, de la marine, & des commis aux douanes, soit la même que dans ce tems là,) il restera un surplus de plus de six millions sur les dépenses courantes. La question sera donc de savoir comment il faudra disposer de ce surplus.

Quiconque a observé la manière dont le trafic & les taxes s'amalgament ensemble, doit sentir l'impossibilité de les séparer tout d'un coup.

Premièrement, parce que les articles qui sont en magasin, ont déjà payé les droits, & que la réduction ne sauroit avoir lieu sur le dépôt actuel.

Secondement, parce que sur tous les articles sur lesquels les droits sont mis en gros, comme par barique, par muid, par quintal, ou par tonneau, l'abolition du droit n'admet pas qu'il soit divisé de manière à soulager pleinement le consommateur qui achette par demi-bouteille ou par livre. Le dernier droit mis sur la forte bierre & sur *l'ale* (1), étoit de trois chelings par barril, ce qui, si on l'ôtoit, diminueroit ces denrées d'un denier & demi par pinte, & conséquemment ne procureroit aucun soulagement dans la pratique.

La plupart des taxes étant dans le même cas, il sera nécessaire d'en chercher d'autres qui ne soient pas sujettes à ces inconvéniens, dont l'abolition puisse causer un soulagement direct & visible, & qui soient susceptibles d'une opération immédiate.

En premier lieu, les taxes des pauvres sont un impôt direct qui tombe sur tout homme domicilié, & il connoît exactement ce qu'il paye. Le montant de la totalité des taxes des pauvres n'est pas positivement connu, mais on peut se

---

(1) Sorte de bierre anglaise.

le procurer. Sir John Sinclair, dans son histoire du revenu, l'a fixé à l. 2,100,587. Une partie considérable de cette somme est dépensée en contestations, dans lesquelles les pauvres, au lieu d'être soulagés, sont tourmentés. La dépense est cependant toujours la même pour la paroisse, quelle qu'en puisse être la cause.

Birmingham paye tous les ans quatorze mille louis pour la taxe des pauvres. Cette somme, quoique considérable, est modérée en comparaison de sa population. On dit que Birmingham contient soixante-dix mille ames; & dans la proportion de soixante-dix mille ames à quatorze mille louis pour la taxe des pauvres, la totalité de cette taxe, dans toute la nation, en évaluant la population d'Angleterre à sept millions d'ames, ne seroit que d'un million quatre cent mille louis ou livres sterlings. C'est pourquoi il est probable que la population de Birmingham n'est pas si considérable.

En faisant monter la taxe des pauvres à deux millions sterlings pour toute la nation, la proportion de cinquante mille ames doit être de quatorze mille livres.

Cependant, quoi qu'il en soit, cela ne provient que de l'immensité des taxes; car lorsqu'elles n'étoient pas si onéreuses, les pauvres étoient en état de se soutenir, & il n'y avoit pas de taxe des pauvres (1). Selon l'état actuel des choses, un ouvrier, avec une femme & deux ou trois enfans, ne paye pas moins de sept à huit louis d'impôts par an. Il ne s'en aperçoit pas, parce que cela passe sur les différens articles qu'il achette, & il ne pense qu'à leur chèreté ; mais comme les impôts lui enlèvent au moins un quart des profits de son travail, il est incapable de pourvoir pour sa famille, sur-tout si lui ou quelqu'un des siens est affligé de maladie.

C'est pourquoi le premier pas vers un soulagement pratique seroit d'abolir entièrement la taxe pour les pauvres ; &, au lieu de cela, de faire aux pauvres une remise d'impôts double de la taxe actuelle des pauvres ; savoir, de quatre millions annuellement du surplus des impôts. Par cette mesure, les pauvres profiteroient de deux millions, & les gens domiciliés de deux millions. Cela seul seroit équivalent à cent vingt millions de la dette nationale, & conséquemment à toute la dépense de la guerre de l'Amérique.

_____

(1) La taxe des pauvres commença environ dans le tems d'Henri VIII, lorsque l'impôt commença à augmenter, & depuis elle s'est toujours accrue, ainsi que l'impôt.

Il reste donc à considérer quelle est la méthode la plus efficace de distribuer cette remise de quatre millions.

Il paroît assez généralement que les pauvres ont de grandes familles composées d'enfans & de vieillards hors d'état de travailler. Si l'on faisoit des provisions pour ces deux classes, le remède seroit tellement suffisant pour toute l'étendue du mal, que s'il en restoit encore quelque symptôme, cela ne seroit qu'accidentel, & pourroit être laissé au département des *Clubs* de bienfaisance qui, quoique d'une humble invention, méritent néanmoins d'être mis au rang des meilleures institutions modernes.

En supposant que l'Angleterre contienne sept millions d'ames, s'il y en a un cinquième qui soit de la classe des pauvres qui ont besoin d'assistance, leur nombre sera d'un million quatre cent mille. De ce nombre, il y aura cent quarante mille vieillards, comme nous le ferons voir par la suite, & pour lesquels nous proposerons des secours distincts.

Il en restera donc un million deux cent soixante mille, ce qui, à cinq personnes par famille, fait deux cent cinquante-deux mille familles, appauvries par les dépenses des enfans & le poids des impôts.

(159)

Le nombre d'enfans au-dessous de quatorze ans, dans chacune de ces familles, sera d'environ cinq par famille; quelques-unes en ayant deux, trois, quatre, cinq; d'autres un, & d'autres point; mais il arrive rarement qu'il y en ait plus de cinq au-dessous de quatorze ans, & à cet âge ils peuvent rendre des services, ou être mis à l'apprentissage.

En supposant que, dans toutes les deux familles, il se trouve cinq enfans au-dessous de quatorze ans, le nombre d'enfans sera de . . . . 630,000.
Le nombre de pères & mères, s'ils étoient tous vivans, seroit de . . 504,000.

Il est certain que si on pourvoit à la subsistance des enfans, les parens seront nécessairement soulagés; parce que c'est la dépense qu'ils sont obligés de faire pour élever leurs enfans qui cause leur pauvreté.

Après avoir calculé le plus grand nombre d'individus qui sont dans le cas d'avoir besoin d'assistance, à cause de la jeunesse de leurs familles, je passe à la méthode de soulagement ou de distribution, qui est :

De payer comme une remise d'impôts à chaque

pauvre famille, du surplus des impôts; & en place de la taxe des pauvres, quatre louis par an pour chaque enfant au-dessous de quatorze ans; en enjoignant aux parens de ces enfans de les envoyer à l'école, pour apprendre à lire & à écrire & l'arithmétique. Les ministres de chaque paroisse, de toute dénomination quelconque, seroient obligés de certifier à un bureau établi pour cet effet, que ce devoir a été rempli.

Le montant de cette dépense sera, pour six cent trente mille enfans, à quatre livres sterlings chacun par an............ l. 2,510,000.

En adoptant cette méthode, on allégera non-seulement la pauvreté des parens, mais on bannira l'ignorance de la génération future; & le nombre de pauvre deviendra moindre par la suite, parce qu'à l'aide de l'éducation, ils auront plus de ta-lens. Bien des jeunes gens, nés avec du génie, se trouvant apprentis chez un homme de métier, tel qu'un charpentier, un menuisier, un cons-tructeur de moulins, ou de vaisseaux, &c. ne peuvent jamais parvenir, faute d'avoir eu un peu d'éducation dans leur enfance.

Je passe maintenant, aux vieillards.

Je divise la vieillesse en deux classes: d'abord, l'approche de la vieillesse qui commence à cinquante

quante ans. Secondement, la vieillesse qui commence à soixante.

A cinquante ans, quoique les facultés spirituelles de l'homme soient en pleine vigueur, & que son jugement soit plus sain que dans aucun autre tems auparavant, ses facultés corporelles, pour une vie laborieuse, sont sur le déclin. Il ne peut supporter la même quantité de fatigue que dans un âge moins avancé. Il commence à moins gagner, & est moins capable de supporter le froid & le chaud, & dans ces professions plus retirées où il faut avoir de bons yeux, il tombe rapidement, & se voit comme un vieux cheval que l'on envoye paître.

A soixante ans, il ne doit plus avoir besoin de travailler, au moins pour vivre. Il est réellement pénible de voir la vieillesse se tuer de fatigue, dans ce que l'on appelle les pays civilisés, pour un morceau de pain.

Pour pouvoir former quelque jugement du nombre de gens au-dessus de cinquante ans, j'ai plusieurs fois compté les personnes que je rencontrois dans les rues de Londres, hommes, femmes & enfans, & j'ai, en général, trouvé qu'il y en avoit un sur seize ou dix-sept. Si l'on dit que les vieillards ne sortent pas beaucoup dans les rues, il en est de même des enfans; outre cela, plusieurs enfans d'un certain âge sont dans des écoles, ou apprentis dans des boutiques. En prenant donc seize pour diviseur, le nombre de personnes des deux sexes qu'il y a en Angleterre, de cinquante ans & au-dessus, riches & pauvres, sera de quatre cent vingt mille.

Les personnes pour lesquelles il faudra pourvoir dans cette totalité seront les laboureurs, les journaliers, les ouvriers de tous les métiers, & leurs femmes, les matelots & les soldats réformés, les domestiques décrépits des deux sexes, & les pauvres veuves.

Il se trouvera aussi une multitude considérable d'artisans, qui, après avoir vécu avec crédit dans leur jeunesse, commencent, lorsque l'âge approche, à ne plus avoir d'occupation, & finissent par tomber dans la décadence.

Outre ceux-ci, la révolution continuelle de cette roue, que personne ne sauroit arrêter ni régler, fera toujours tomber de ses rayons une infinité de malheureux, intéressés dans le commerce, ou dans quelqu'aventure.

Pour pourvoir à tous ces accidens, & à tout ce qui peut arriver, je fais monter le nombre de personnes, qui dans un tems ou dans un autre, après l'âge de cinquante ans, trouveront nécessaire ou à propos de se faire soutenir mieux qu'elles ne le peuvent elles-mêmes, & cela, non par grace, mais comme de droit, à un tiers de la totalité, ce qui fait cent quarante mille, comme nous l'avons marqué, & pour lesquelles nous avons proposé de faire des provisions. S'il y en a davantage, la société, malgré la pompe & le faste du gouvernement, est dans une situation déplorable en Angleterre.

De ces cent quarante mille, je suppose qu'il y en a la moitié, soixante-dix mille, de cinquante ans & au-dessous de soixante, & l'autre moitié de soixante ans & au-dessus. — Ayant ainsi calculé le nombre probable de personnes âgées, je vais donner une méthode de rendre leur condition agréable, la voici :

C'est de payer à chaque personne de cinquante ans, & jusqu'à ce qu'il arrive à l'âge de soixante, la somme de six l. sterlings par an du surplus de l'impôt, & dix livres par an sa vie durant, après l'âge de soixante ans. La dépense sera comme suit :

Soixante-dix mille personnes
à l. 6 par an, ... l. 420,000
Soixante-dix mille *ditto* à l. 10
par an, ... 700,000
─────────
l. 1,120,000

Ce secours, comme on l'a déjà remarqué, n'est pas de la nature d'une aumône, mais d'un droit. Tout habitant d'Angleterre, mâle & femelle, paye, calcul fait, environ deux livres huit chelins, & six sous par an, depuis le jour de sa naissance.; & si on ajoute les frais de perception, il paye deux livres onze chelins & six sous ; conséquemment au bout de cinquante ans, il a payé cent vingt-huit livres & quinze chelins ; & à soixante, cent cinquante-quatre livres dix chelins. En convertissant donc sa taxe individuelle en tontine, l'argent qu'il recevra au bout de cinquante ans, ne fait qu'un peu plus de l'intérêt légal de l'argent net qu'il a payé ; ceux dont les circonstances n'exigent pas de pareils secours suppléent au reste, & le capital dans les deux cas défraye les dépenses du gouvernement. C'est sur ce fondement que j'ai calculé que les demandes probables viendroient du tiers des vieilles gens de la nation. Ne vaut-il donc pas mieux que cent cinquante mille vieillards passent le reste de leurs jours dans la consolation, que de dépenser un million sterling de l'argent public pour un individu quelconque, & souvent pour le plus indigne & le plus stupide des mortels ? que la raison & la justice, que l'honneur & l'humanité, que l'hypocrisie même, la flatterie, & M. Burke, que Georges, que Louis, Léopold, Frédéric,

Catherine, Cornwalis, ou Typoo-Saïbe, répondent à cette question (1) — ?

---

(1) En comptant les taxes par famille, cinq personnes par famille, chaque famille paye 12 l. 17 chelins 6 sous par an. Il faut ajouter à cette somme la taxe des pauvres. Quoique tout le monde paye les taxes sur les articles qu'il consomme, tout le monde ne paye pas la taxe des pauvres. Il y a environ deux millions d'habitans qui en sont exempts, les uns parce qu'ils ne sont pas domiciliés, les autres parce qu'ils n'en sont pas en état, & les pauvres eux-mêmes qui reçoivent les secours. Donc le taux de la taxe des pauvres sur le reste des habitans est de quarante chelins par chaque famille de cinq personnes, ce qui fait monter le taux de toutes les taxes, en comptant celle des pauvres, à 14 l. 17 s. 6 d. Pour six personnes, 17 L. 17 chelins. Pour sept personnes, 20 l. 16 s. 6 d.

Le taux des taxes en Amérique, sous le nouveau système, ou sous le système représentatif de gouvernement, y compris l'intérêt de la dette contractée pendant la guerre, & en prenant la population à quatre millions d'ames, ce qui est à présent exact, & elle augmente tous les jours, est de cinq chelins par tête, hommes, femmes & enfans. Donc la différence entre les deux gouvernemens est comme ci-dessous.

	Angleterre.			Amérique.		
	l.	s.	d.	l.	s.	d.
Pour une famille de cinq personnes.	14	17	6	1	5	0
Pour une famille de six personnes.	17	17	0	1	10	0

La somme ainsi remise aux pauvres, sera, à deux cens cinquante-deux mille pauvres familles, ayant six cens trente mille enfans, ... l. 2,520,000

A cent quarante mille personnes âgées, ... 1,120,000

l. 3,640,000

Il restera donc trois cents soixante mille livres des quatre millions, dont on pourra employer une partie comme suit :

Lorsqu'on aura pourvu à tous les cas ci-dessus, il se trouvera encore un certain nombre de familles qui, sans être de la classe des pauvres, auront néanmoins de la difficulté à donner de l'éducation à leurs enfans ; & les enfans qui se trouveront dans ces circonstances, seront dans un état pire que si leurs parens étoient réellement pauvres. Une nation sous un gouvernement bien entendu ne devroit pas permettre que personne restât sans éducation. Il n'y a que les gouvernemens monarchiques et aristocratiques qui ont besoin de l'ignorance pour se soutenir.

	Angleterre.	Amérique.
	l. s. d.	l. s. d.
Pour une famille de sept personnes.	20 16 6	1 15 0

En supposant donc qu'il y ait quatre cents mille enfans dans cette condition, ce qui est un plus grand nombre qu'on ne devroit supposer après les provisions déjà faites, la méthode sera :

D'accorder à chacun de ces enfans dix chelins par an, pour la dépense de l'école, pendant six ans, ce qui leur procureroit six mois d'école par an, avec un petit écu annuellement pour acheter du papier & des livres à épeler.

Cette dépense montera annuellement à (1) livres 250,000.

Les écoles publiques ne répondent pas en général aux besoins des pauvres. Elles sont principalement situées dans les villes à corporation, dont les enfans des bourgs & des villages sont exclus, ou s'ils y sont admis, cela occasionne une grande perte de tems. L'éducation, pour être utile aux pauvres, doit être donnée dans l'endroit même ; & je crois que la meilleure méthode, pour accomplir cet objet, c'est de mettre les parens en état de payer eux-mêmes la dépense. Il y a toujours, dans chaque village, des personnes des deux sexes capables de cette entreprise, surtout lorsqu'elles commencent à vieillir. Vingt enfans à dix chelins chacun, (& cela pendant six mois seulement) rapporteroient autant que quelques cures dans les parties éloignées de l'Angleterre ; & il y a toujours des femmes de ministres à qui, après la mort de leur mari, un pareil revenu seroit fort agréable. Ce que l'on donneroit aux

Il restera donc deux cents mille livres.

Malgré les grands systêmes de secours que les gouvernemens les mieux institués & les plus sages pourront inventer, il y aura toujours une infinité de petites circonstances, qu'il est de la politique & de la bienfaisance d'une nation de considérer.

Si on donnoit immédiatement un louis après la naissance d'un enfant, à toute femme qui le feroit demander, & personne ne le feroit demander à moins qu'il n'en eût besoin, cela pourroit prévenir beaucoup de misère instantanée.

Il n'y a en Angleterre que deux cents mille naissances par an; & si ce louis étoit réclamé par le quart des meres,

Le montant seroit de. 50,000
Un louis également à tout couple nouvellement marié qui le demanderoit, cela n'excéderoit pas la somme de. 25,000

On devroit aussi approprier vingt mille livres sterlings pour défrayer les funérailles des personnes

---

enfans pour cet objet, répondroit à deux fins; il leur produiroit à eux l'éducation, & à ceux qui les élevent des moyens de subsistance.

qui, en voyageant pour chercher du travail, mourroient éloignées de leurs parens & de leurs amis. En ôtant cette charge aux paroisses, l'étranger malade seroit mieux traité.

Je vais terminer cette partie du sujet par un plan propre à la situation d'une métropole telle que Londres.

Il arrive continuellement des événemens, dans une capitale, différens de ceux qui arrivent dans les provinces, & pour lesquels il faut une méthode différente, ou plutôt additionnelle de secours. Dans les provinces, même dans les grandes villes, les gens se connoissent les uns les autres, & la misere ne parvient jamais aux extrémités où on la voit quelquefois dans une capitale. On n'entend jamais parler dans les provinces, de pauvres qui meurent de faim, littéralement parlant, ou de froid faute de logement. Cependant il arrive des choses de cette nature, & d'autres aussi malheureuses dans Londres.

Plusieurs jeunes gens viennent à Londres, pleins d'espérance, avec peu ou point d'argent, & à moins qu'ils ne trouvent immédiatement de l'emploi; ils sont déjà à moitié perdus; les enfans élevés à Londres, sans moyens de subsistance, & comme cela arrive souvent, de parens débauchés, sont dans un état encore pire; & les domestiques qui sont long-tems sans place ne sont guère mieux. En un mot, il survient continuellement une infinité de petites circonstances, inconnues à l'opulence, pour ouvrir la premiere porte à la détresse. La faim n'est pas un besoin qu'on puisse retarder à satisfaire, & un jour, même quelques heures, dans une pareille situation sont souvent la crise d'une vie malheureuse.

On pourroit prévenir ces circonstances qui sont les causes générales des petits vols & des petits larcins qui conduisent à de plus grands. Il reste encore vingt mille livres des quatre millions du surplus de l'impôt qui, joints à un autre fond dont nous parlerons par la suite, montant à environ vingt mille livres de plus, ne sauroient être mieux employés qu'à cet objet. Le plan sera donc :

Premièrement, d'élever deux maisons ou plus, ou d'en prendre de toutes bâties, capables de contenir au moins six mille personnes, & d'avoir dans chacune de ces maisons, autant de genres de travaux qu'il est possible, de sorte que tous ceux qui y viendront puissent trouver quelque chose qu'ils sont en état de faire.

Secondement d'y recevoir tous ceux qui s'y présenteront sans s'informer qui ils sont. La seule condition qu'on pourroit leur proposer, seroit

(171)

que, pour tant d'ouvrage, ou pour tant d'heures de travail, chaque personne auroit tant de repas de bonne nourriture, & un logement bien chaud, au moins aussi bon que celui d'une caserne; qu'une certaine portion du prix de leurs ouvrages seroit mise de côté, & qu'on la leur donneroit, lorsqu'ils s'en iroient; & que chacun resteroit aussi peu ou aussi long-tems qu'il lui plairoit, ou viendroit quand il jugeroit à propos aux mêmes conditions.

Si chaque personne restoit trois mois, ce système soulageroit par rotation vingt quatre mille ames par an, quoiqu'effectivement il n'y en eût dans tous les tems, que six mille. En établissant un asyle de ce genre, les personnes à qui il arrive des malheurs momentanés, auroient une occasion de se refaire, & de se mettre en état de chercher un emploi plus avantageux.

En supposant que leur travail ne paye que la moitié de la dépense de leur entretien, après avoir réservé une portion de leur gain pour eux, la somme additionnelle de quarante mille livres, défrayeroit toutes les autres charges même pour un nombre au dessus de six mille.

Les fonds que l'on pourroit fort à propos appliquer à cet objet, pour joindre aux vingt mille livres sterlings restans des premiers fonds, seroient le produit des taxes sur le charbon si injustement appliqué au soutien du duc de Richmond. Il est affreux qu'aucun homme, surtout au prix où est actuellement le charbon, vive de la détresse d'une communauté; & tout gouvernement qui permet un pareil abus, mérite d'être congédié. On dit que ces fonds montent à environ vingt mille livres par an.

Je conclurai ce plan en faisant l'énumération des différentes particularités, & je passerai ensuite à un autre sujet.

L'énumération est comme suit :

D'abord, l'abolition de deux millions de taxes pour les pauvres.

Secondement des provisions pour deux cents cinquante-deux mille pauvres familles.

Troisièmement, l'éducation d'un million & trente mille enfans.

Quatrièmement, des provisions consolantes pour cent-quarante mille personnes âgées.

Cinquièmement, un don de vingt chelins chacune, pour cinquante mille naissances.

Sixièmement, un don de vingt chelins chacun pour vingt mille mariages.

Septièmement, un dépôt de vingt mille livres pour les obsèques des personnes en voyage pour chercher du travail, & qui meurent éloignées de leurs parens.

Huitièmement de l'emploi dans tous les tems pour les pauvres accidentels des villes de Londres & Wesminster.

Par le moyen de ce plan, les lois sur les pauvres, ces instrumens de la question civile, seront abolies, & les dépenses inutiles des procès à ce sujet prévenues. Les yeux de l'humanité ne seront plus choqués de la vue d'enfans déguenillés & affamés, & de vieillards de soixante-dix ou quatre-vingt ans mendiant leur pain. Le pauvre mourant ne sera plus traîné de place en place pour pousser le dernier soupir, comme si une paroisse vouloit user de représailles sur une autre. Les veuves trouveront une subsistance pour leurs enfans; & ne seront plus transportées sur des chariots, après la mort de leurs maris, comme des criminels; & les enfans ne seront plus considérés comme augmentant la détresse de leurs parens. Les retraites des malheureux seront connues, parce que ce sera leur intérêt, & le nombre des petits crimes, enfans de la détresse & de la pauvreté, sera diminué. Le pauvre comme le riche, sera alors intéressé au soutien du gouvernement & la cause & les craintes des tumultes & des insurrections cessera.—O vous, qui êtes à votre aise, & qui jouissez de l'abondance, & il y a des êtres semblables en Turquie & en Russie, comme en Angleterre, & qui

(174)

vous dites à vous-mêmes, « ne sommes-nous pas » bien, » avez-vous pensé à toutes ces choses? quand vous le ferez, vous cesserez de ne parler, & de ne sentir que pour vous seuls.

Le plan est aisé à mettre en pratique; il n'embarrasse pas le commerce par une interruption soudaine dans l'ordre des impôts, mais il soulage en changeant son application ; & l'argent nécessaire à cet objet peut se tirer du produit de *l'accise*, qui se perçoit huit fois par an, dans toutes les villes d'Angleterre où il y a marché.

Ayant donc arrangé & terminé ce sujet, je passe à un autre.

En estimant les dépenses courantes à sept millions & demi par an, ce qui est les mettre au taux le plus bas, il restera, (déduction faite d'un million & demi pour les dépenses courantes, & de quatre millions pour le service ci-dessus mentionné), la somme de deux millions dont on pourra employer une partie comme suit :

Quoique les flottes & les armées, par le moyen d'une alliance avec la France, puissent devenir, en quelque sorte, inutiles, cependant il ne faut pas que les hommes qui se sont dévoués à ce service, & se sont par-là rendu incapables d'autres fonctions, souffrent des moyens qui servent à rendre les autres heureux.

Il restera sur pied, au moins pour quelques années, une partie de l'armée, ainsi que de la marine pour laquelle on a déjà pourvu dans la première partie de ce plan un million sterling, ce qui fait presqu'un demi-million de plus que l'établissement de paix de l'armée & de la marine, sous le règne prodigue de Charles II.

En supposant donc qu'il y ait quinze mille soldats de réformés, & en accordant à chacun de ces soldats trois chelings par semaine, sa vie durant, sans aucune déduction, qui leur seroient payés de la même manière qu'on les paie à l'hôpital de Chelséa, avec la permission de retourner chez eux ; & en ajoutant sept mille cinq cents chelins, par semaine aux soldats qui resteroient, la dépense annuelle seroit,

Pour la paye de quinze mille soldats réformés, à trois chelins par semaine.	l. 117,000
Paye additionnelle aux soldats qui restent.	19,500
En supposant que la paye des officiers des corps réformés, monte à une somme égale à celle accordée aux soldats. . . .	117,000
	l. 253,500

De l'autre part. . . . . l. 253,500
Pour ne point faire monter les estimations trop haut, supposez la même somme pour les marins congédiés que pour l'armée, & la même augmentation de paie. 253,500

TOTAL. . . . . l. 507,000

Tous les ans une partie de ce demi-million (je laisse les sept mille livres de surplus pour que le compte soit plus clair) reviendra à la nation, & avec le tems, la totalité, puisqu'il est payé en rentes viageres, excepté l'augmentation de paye de vingt-neuf mille livres. A mesure qu'il rentrera, on pourra ôter une partie des taxes ; par exemple, lorsqu'il y aura pour trente mille liv. par an de ces rentes d'éteintes, on pourra entièrement ôter les droits sur le houblon ; & à mesure que les autres s'éteindront, diminuer les droits sur la chandelle & sur le savon, jusqu'à ce qu'ils cessent totalement.

Il reste encore au moins un million & demi du surplus de l'impôt.

L'impôt sur les maisons & sur les fenêtres est un de ces impôts directs, qui, comme la taxe
des

(177)

des pauvres, n'est pas confondu avec le commerce; & quand on l'abolira, on sentira sur-le-champ du soulagement. Cette taxe porte particulièrement sur la classe mitoyenne de la nation.

Le montant de cet impôt, en 1788 étoit :

	l.	s.	d.
Maisons & fenêtres par l'acte de 1766,	385,459	11	7
Ditto. Ditto par l'acte de 1779,	130,739	14	0½
Total....	516,199	6	0½

Si cette taxe est abolie, il restera encore environ un million de taxes, & comme il est toujours à propos d'avoir une somme en réserve, pour les accidens qui peuvent arriver, il vaudra mieux ne pas étendre les réformes plus loin, en premier lieu, mais examiner ce que l'on peut faire par d'autres moyens de réforme.

Parmi les taxes qui pèsent le plus sur le peuple est la taxe commuée; je vais donc offrir un plan pour son abolition, en en substituant une autre en sa place, qui remplira trois objets à la fois.

Premièrement, celui de faire porter le fardeau à ceux qui en sont le plus en état.

Secondement, en rétablissant la justice dans les familles par une distribution de propriétés.

M

Troisièmement, en extirpant l'influence immense qui provient du droit barbare d'aînesse, & qui est une des principales sources de corruption aux élections.

Le montant de la taxe commuée selon les registres de 1788, étoit de. . . . . l. 771,657

Quand on propose des impôts, on amuse la nation par le langage plausible de taxer le luxe; dans un tems, on appelle une chose un objet de luxe; & dans un autre, c'est autre chose; mais le luxe réel ne gît pas dans l'article, mais dans les moyens de se le procurer, & on tient toujours cela hors de la vûe du peuple.

Je ne vois pas pourquoi une plante ou une herbe qui croît dans les champs, est un plus grand luxe dans un pays que dans un autre; mais un bien immense dans l'un ou dans l'autre est dans tous les tems un luxe, &, comme tel, est un excellent objet d'impôt; c'est pourquoi il est juste de prendre au mot ces *honnêtes metteurs d'impôts*, & d'argumenter, selon le principe qu'ils ont eux-mêmes posé, celui de taxer les *objets de luxe*. Si eux ou M. Burke, qui, je crains, commence à se passer, comme l'homme en armure, peuvent prouver qu'un bien de vingt, trente ou quarante mille livres de rente n'est pas un luxe, j'abandonne l'argument.

En admettant qu'il faille annuellement une certaine somme, par exemple, de mille livres sterlings, pour l'entretien d'une famille; les secondes autres mille livres sont donc de la nature d'un luxe; les troisièmes encore plus, & en continuant ainsi, nous parviendrons progressivement à une somme que l'on pourroit fort convenablement appeler un luxe prohibé. Il ne seroit pas politique de mettre des bornes aux propriétés acquises par l'industrie; c'est pourquoi il est juste de placer la prohibition au-delà de toutes les probabilités de richesses auxquelles l'industrie peut parvenir; mais il devroit y avoir des bornes aux propriétés ou à l'accumulation des propriétés léguées par testament. Elles devroient passer dans une autre ligne. Les plus riches dans toutes les nations ont de pauvres parens, qui leur sont souvent alliés de très-près.

Le tableau suivant d'un impôt progressif est fait sur le principe dont je viens de parler, & pour servir de substitut à l'impôt commué; il atteindra le point de prohibition par une opération régulière, & fera cesser par-là le droit aristocratique d'aînesse.

TABLEAU I.

Un impôt sur tous les revenus nets de cinquante livres sterlings, déduction faite de l'impôt territorial.

	s.	d.	
Jusqu'à l. 500,	0	3	par livre.
Depuis 500, jusqu'à 1000.	0	6	par livre.
Sur le second 1000.	0	9	par livre.
Sur le troisième, *ditto*.	1	0	par livre.
Sur le quatrième, *ditto*.	1	6	par livre.
Sur le cinquième, *ditto*.	2	0	par livre.
Sur le sixième, *ditto*.	3	0	par livre.
Sur le septième, *ditto*.	4	0	par livre.
Sur le huitième, *ditto*.	5	0	par livre.
Sur le neuvième, *ditto*.	6	0	par livre.
Sur le dixième, *ditto*.	7	0	par livre.
Sur le onzième, *ditto*.	8	0	par livre.
Sur le douzième, *ditto*.	9	0	par livre.
Sur le treizième, *ditto*.	10	0	par livre.
Sur le quatorzième, *ditto*.	11	0	par livre.
Sur le quinzième, *ditto*.	12	0	par livre.
Sur le seizième, *ditto*.	13	0	par livre.
Sur le dix-septième, *ditto*.	14	0	par livre.
Sur le dix-huitième, *ditto*.	15	0	par livre.
Sur le dix-neuvième, *ditto*.	16	0	par livre.
Sur le vingtième, *ditto*.	17	0	par livre.
Sur le vingt-unième, *ditto*.	18	0	par livre.
Sur le vingt-deuxième, *ditto*.	19	0	par livre.
Sur le vingt-troisième, *ditto*.	20	0	par livre.

Le tableau ci-dessus montre la progression par

livre sur chaque mille livres. Le tableau suivant montre le montant de l'impôt sur chaque mille livres séparément, & dans la dernière colonne le total de toutes les sommes séparées réuni.

TABLEAU II.

		d.		l.	s.	d.
Un bien de l. 50 par an à	3	par liv. paye	0	12	6
	100	3		1	5	0
	200	3		2	10	0
	300	3		3	15	0
	400	3		5	0	0
	500	3		7	5	0

Après l. 500. — La taxe de six deniers sterlings par livre a lieu sur les secondes 500. — Conséquemment un bien de l. 1000 par an, paye l. 21. 15 & ainsi de suite.

		s.	d.		l.	s.	Total. l. s.
Pour les 1ers	500 à	0	3	par livre.	7	10	
2e	500 à	0	6		14	10	21 15
2e	1000 à	0	9		37	10	59 5
3e	1000 à	1	0		50	0	109 5
4e	1000 à	1	6		75	0	184 5
5e	1000 à	2	0		100	0	284 5
6e	1000 à	3	0		150	0	434 5
7e	1000 à	4	0		200	0	634 5
8e	1000 à	5	0		250	0	880 5

	s.	d.	l.	s.	l.	s.
Pour les 9ᵉ 1000 à	6	0	300	0	1180	5
10ᵉ 1000 à	7	0	350	0	1530	5
11ᵉ 1000 à	8	0	400	0	1930	5
12ᵉ 1000 à	9	0	450	0	2380	5
13ᵉ 1000 à	10	0	500	0	2880	5
14ᵉ 1000 à	11	0	550	0	3430	5
15ᵉ 1000 à	12	0	600	0	4030	5
16ᵉ 1000 à	13	0	650	0	4680	5
17ᵉ 1000 à	14	0	700	0	5380	5
18ᵉ 1000 à	15	0	750	0	6130	5
19ᵉ 1000 à	16	0	800	0	6930	5
20ᵉ 1000 à	17	0	850	0	7780	5
21ᵉ 1000 à	18	0	900	0	8680	5
22ᵉ 1000 à	19	0	950	0	9630	5
23ᵉ 1000 à	20	0	1000	0	10630	5

Au vingt-troisième mille la taxe monte à vingt chelins par livre, conséquemment tout autre mille au-dessus de cette somme ne sauroit produire aucun profit qu'en divisant le bien. Cependant quelque terrible que paroisse cette taxe, elle ne produira pas, je crois, autant que la taxe commuée; si elle donnoit davantage, il faudroit la réduire à ce taux en faisant des diminutions sur les biens au-dessous de deux ou trois mille livres de rente.

Sur les petits biens & sur les biens modérés elle est plus légère, (comme cela se doit,) que la taxe commuée. Ce n'est que sur les biens de sept ou huit mille livres de rente qu'elle commence à se faire sentir. L'objet n'est pas tant le produit de la taxe, que la justice de cette mesure. L'aristocratie s'est trop mise à couvert, & cela sert à rétablir une partie de l'équilibre.

Pour faire voir comment l'aristocratie s'est toujours mise à couvert, il ne faut que remonter au premier établissement des droits *d'accise*, au tems que l'on appelle la restauration, ou au retour de Charles II. L'aristocratie alors en pouvoir, commua le service féodal qu'elle étoit obligée de rendre en un impôt sur la bierre brassée pour *vendre* (1); c'est-à-dire, elle composa avec Charles pour être exempte de ce service elle & ses héritiers, en accordant une taxe qui devoit être payée par une autre classe d'hommes. L'aristocratie n'achette pas la bierre brassée pour vendre, mais brasse sa propre bierre sans être assujettie à

---

(1) L'impôt sur la bierre brassée pour vendre, dont l'aristocratie est exempte, rapporte près d'un million de plus que la taxe commuée, étant selon les registres de 1788, de l. 1,666,152, conséquemment elle devroit se charger de la totalité de la taxe commuée, puisqu'elle est déjà exempte d'un impôt qui est de près d'un million plus considérable.

ce droit, & s'il étoit nécessaire dans ce tems-là de faire un échange, ce devoit être aux dépens de ceux qui avoient dessein de s'exempter de ce service ; au lieu que la taxe fut jetée sur une classe d'hommes tout-à-fait différente.

Mais le principal objet de cet impôt progressif, (outre la justice de répartir les impôts plus également qu'ils ne le sont,) est, comme on l'a déjà dit, d'extirper l'influence colossale provenant du droit d'aînesse, qui est une des principales sources de la corruption dans les élections.

Il ne serviroit de rien de faire des recherches sur l'origine de ces vastes fortunes de trente, quarante ou cinquante mille livres sterlings de rente, & cela dans un tems où le commerce & les manufactures n'étoient pas dans un état à admettre de pareilles acquisitions. Contentons-nous de remédier au mal, en les rendant susceptibles de descendre de nouveau dans la communauté par le moyen paisible & tranquille de les diviser entre les héritiers & héritieres de ces familles. Cela sera d'autant plus nécessaire, que jusqu'ici l'aristocratie a entretenu ses cadets & ses parens aux dépens du public, dans des postes & dans des places inutiles dont l'abolition les laissera sans provisions, à moins qu'on n'abolisse aussi le droit d'aînesse, ou qu'on ne l'égalise de manière ou d'autre

Un impôt progressif, accomplira en quelque sorte cet objet, & cela comme une affaire d'intérêt pour les parties les plus intéressées; on peut le voir par le tableau suivant, qui montre le produit net sur chaque revenu, après en avoir soustrait l'impôt. Il paroîtra par-là que lorsqu'un bien excéde treize ou quatorze mille livres de rente, le reste ne rapporte guère de profit au propriétaire, & conséquemment passera ou aux cadets, ou aux autres parens.

TABLEAU III.

Qui fait voir le produit net de tous les revenus depuis mille jusqu'à vingt-trois mille livres de rente.

Nombre de mille par an.	Impôt total soustrait.	Produit net.
l.	l.	l.
1000	21	979
2000	59	1941
3000	109	2891
4000	184	3816
5000	284	4716
6000	434	5566
7000	634	6366
8000	880	7120
9000	1180	7820
10,000	1530	8470

(186)

l.	l.	l.
11,000	1930	9070
12,000	2380	9620
13,000	2880	10,120
14,000	3430	10,570
15,000	4030	10,970
16,000	4680	11,320
17,000	5380	11,620
18,000	6130	11,870
19,000	6930	12,170
20,000	7780	12,220
21,000	8680	12,320
22,000	9630	12,370
23,000	10,630	12,370

N. B. On n'a pas mis les chelins ni les deniers dans ce tableau.

Selon ce Tableau, un bien ne sauroit rapporter plus de l. 12,370, sans être absorbé par l'impôt territorial & l'impôt progressif; c'est pourquoi il faudra nécessairement diviser ces biens, comme un cas d'intérêt de famille. Un bien de l. 23,000 de rente divisé en cinq portions de cinq mille livres de rente chacune; & une de trois, ne payera que l. 1129, ce qui n'est que cinq pour cent; au lieu que s'il étoit entre les mains d'un seul homme, il seroit imposé l. 10,630.

Quoique des recherches dans l'origine de ces biens soient inutiles, leur continuation dans les mêmes mains est une affaire d'un autre genre. C'est une chose d'un intérêt national. C'est la loi qui les a rendus biens héréditaires, & conséquemment qui a fait le mal, & elle doit pourvoir au remède. Le droit d'aînesse doit être aboli, non-seulement parce qu'il est contre nature & injuste, mais parce que le pays souffre de ses effets. En privant, (comme nous l'avons observé,) les cadets de leur portion d'héritage, le public est obligé de les entretenir ; & la liberté des élections est violée par l'influence colossale que cet injuste monopole de patrimoines produit. Ce n'est pas encore tout ; il occasionne une perte de propriétés nationales. Une partie considérable des terres du pays demeurent incultes par la grande étendue de parques & de chasses que ce droit sert à entretenir, & cela dans un tems où les récoltes de grains ne peuvent pas suffire aux besoins de la nation. (1) — En un mot, les maux du système aristocratique sont si grands & si nombreux, si contraires à tout ce qui est juste, sage, naturel & bienfaisant, que lorsqu'on les aura bien considérés, il n'y a pas de doute que même plusieurs personnes que l'on appelle aristocrates, ne desirent de voir un pareil système aboli.

---

(1) *Voyez* les rapports sur le commerce du grain.

Quel plaisir pourroient-elles avoir à contempler la situation précaire, & la misère presque assurée de leurs enfans cadets ? Chaque famille aristocrate a un apanage de pauvres de famille qui sont à sa charge, dont elle se débarrasse dans quelques siècles ou après quelques générations, & qui n'ont plus d'autre ressource que d'aller raconter leur histoire dans les maisons de charité, de force ou dans les prisons. C'est une des conséquences naturelles de l'aristocratie. Le pair & le mendiant sont souvent de la même famille. Un extrême en produit un autre : pour faire un homme riche, il faut en faire plusieurs pauvres ; & ce système ne sauroit se soutenir par aucun autre moyen.

Il y a deux espèces d'êtres auxquels les lois d'Angleterre sont particulièrement contraires, & ces êtres-là sont les plus dépourvus : les jeunes enfans & les pauvres. Je viens de parler des premiers ; des différens exemples que l'on pourroit produire de ces derniers, je vais en citer un, avec lequel je vais conclure ce sujet.

Il existe plusieurs lois pour limiter & régler le salaire des ouvriers. Pourquoi ne pas leur laisser autant de liberté de faire leurs propres marchés, que le sont les législateurs de louer leurs fermes & leurs maisons ? Leur travail est la seule propriété qu'ils possèdent. Pourquoi envahir cette petite possession, & le peu de liberté dont ils jouissent? Mais l'injustice paroîtra plus grande encore, si nous considérons les effets & l'opération de pareilles lois. Quand le salaire est fixé par la loi, le salaire légal reste dans la même situation, tandis que toutes les autres choses font des progrès; & comme ceux qui font cette loi continuent toujours, par d'autres lois, d'augmenter les impôts, ils augmentent les dépenses de la vie par une loi, & ôtent par une autre les moyens de vivre.

» Mais si ces messieurs les faiseurs de lois ou les metteurs de taxes ont trouvé juste de borner la misérable pitance qu'un travail personnel peut produire, & sur laquelle toute une famille est forcée de vivre, ils doivent sûrement se trouver bien heureux qu'on les fixe au moins à douze mille livres de rente, à toucher sur une propriété qu'ils n'ont jamais acquise (ni probablement leurs ancêtres non plus), & dont ils ont fait un si mauvais usage.

Ayant terminé ce sujet, je vais en mettre les différentes particularités sous un point de vue, & passer à un autre.

Les huit premiers articles sont rapportés ici de la page 172.

1. Abolition de deux millions de taxes des pauvres.

2. Provision pour deux cent cinquante-deux mille pauvres familles, à quatre livres par tête pour chaque enfant au-dessous de quatorze ans; ce qui, avec une addition de deux cent cinquante mille livres, pourvoit aussi à l'éducation d'un million & trente mille enfans.

3. Rente viagère de six livres pour chaque pauvre personne, artisan, marchand ruiné ou autres (au nombre de soixante-dix mille), depuis cinquante ans jusqu'à l'âge de soixante.

4. Annuité ou rente viagère de dix livres pour les pauvres personnes, artisans ruinés & autres, (au nombre de soixante-dix mille), depuis soixante ans & au-dessus.

5. Donation de vingt chelins chacune, pour cinquante mille femmes en couche.

6. Donation de vingt chelins par couple marié, pour vingt mille mariages.

7. Dépôt de vingt mille livres pour servir aux funérailles des personnes qui, cherchant de l'occupation, meurent éloignées de leurs parens.

8. Emploi dans tous les tems pour les pauvres accidentels de Londres & de Westminster.

Seconde énumération.

9. Abolition de la taxe sur les fenêtres & sur les maisons.

10. Pension de trois chelins par semaine, leur vie durante, à quinze mille soldats réformés, & même pension aux officiers des corps réformés.

11. Augmentation de paye pour le reste des soldats, de l. 19,500 annuellement.

12. Même pension aux marins congédiés, & même augmentation de paye aux marins en activité, qu'à l'armée de terre.

13. Abolition de la taxe commuée.

14. Plan d'un impôt progressif qui tend à extirper le droit contre nature d'aînesse, & l'influence vicieuse du système aristocratique (1).

___

(1) Quand on aura fait des recherches sur la condition des pauvres, on trouvera probablement différens degrés de détresse qui exigeront un arrangement différent de celui qui est proposé. Les veuves avec des familles auront beaucoup plus besoin que des veufs sans suite. Il y a aussi une différence dans le prix des denrées de différens pays; particulièrement dans celles qui servent au chauffage.

Supposons donc cinquante mille cas extraordinaires à l. 10 par famille par an. . . . l. 500,000

Il reste encore, comme nous l'avons déjà fait voir, un million du produit des impôts. Il en faudra une partie pour les cas imprévus; & ce dont on n'aura pas besoin, servira à réduire les taxes en raison de la somme.

Entr'autres réclamations que la justice exige de faire, le sort des commis subalternes de la douane mérite attention. Il est honteux pour tout gouvernement quelconque de prodiguer des sommes énormes du trésor public en bénéfices simples

De l'autre part. . . . . l.	500,000
100,000 familles à 8 l. par famille par an.	800,000
100,000 familles à 7 l. par famille par an.	700,000
104,000 familles à 5 l. par famille par an.	520,000
En supposant qu'au lieu de dix chelins par tête, pour l'éducation des autres enfans, il faille accorder cinquante chelins par famille pour cet objet, à 50,000 familles. . . .	250,000
	2,770,000
140,000 personnes âgées comme ci-dessus.	1,120,000
	l. 3,890,000

Cet arrangement monte à la même somme spécifiée pag. 172, y compris les 250,000 l. pour l'éducation; mais il pourvoit, (en comprenant les pauvres âgés) à quatre cents quatre mille familles, ce qui fait presque un tiers de toutes les familles d'Angleterre.

&

& en places nominales & inutiles, & de ne pas même accorder un salaire décent à ceux qui font le travail. Il y a plus de cent ans que les commis subalternes du revenu ne reçoivent que la misérable pitance de cinquante livres par an. On doit leur en donner soixante-dix. En employant une somme de cent vingt mille livres pour cet objet, on mettroit tous ces appointemens sur un pied honnête.

Cela fut proposé il y a près de vingt ans ; mais les commissaires du trésor alors en activité furent épouvantés de ce projet, parce qu'il pouvoit conduire à faire faire les mêmes réclamations à la marine & à l'armée ; & il arriva que le roi ou quelqu'un de ses agens s'adressa au Parlement pour faire augmenter la liste civile de cent mille livres par an, ce qui fut accordé ; & tout le reste fut mis de côté.

Quant à une autre classe d'hommes, le bas clergé, je m'abstiens de m'étendre sur sa situation ; mais, toute partialité & tout préjugé pour ou contre différentes formes de religions à part, la justice déterminera si on doit accorder un revenu de vingt ou trente liv. sterlings à un homme, & de dix mille à un autre. Je parle sur ce sujet avec d'autant plus de liberté, que l'on sait que je ne suis pas un presbytérien, & que conséquemment on ne peut susciter contre moi le cri de guerre des parasites de la cour, touchant l'église anglicane, & les assemblées de cette secte, entretenu pour amuser & tromper la nation.

O hommes simples & peu éclairés des deux partis ! ne vous apercevez-vous pas de cette ruse de cour ? Si l'on peut vous entretenir dans vos querelles & dans vos disputes au sujet de l'Eglise & des assemblées (1), vous remplirez l'objet de tous les courtisans, qui pendant ce tems-là se repaissent de vos dépouilles & se mocquent de votre crédulité. Toute religion qui enseigne à l'homme à être bon, est bonne ; & je n'en connois aucune qui lui enseigne d'être méchant.

Tous les calculs ci-devant mentionnés supposent qu'il n'entre que seize millions & demi de taxes dans le trésor, déduction faite des frais de perception & des remises sur les exportations à la douane & au bureau d'*accise* ; au lieu que la somme qui entre dans le trésor est de près de sept millions, s'ils ne sont pas complets. Les impôts levés en Ecosse & en Irlande sont dépensés dans ces pays-là ; c'est pourquoi les épargnes qu'ils pourront faire seront de leurs propres taxes ;

―――――――――

(1) L'endroit où les presbytériens font leurs prières ne s'appelle pas église, mais assemblée, (*anglicè* Meeting) ; au lieu que les anglicans appellent leur place de rendez-vous, *église*.

mais en cas qu'il en soit versé une partie dans le trésor d'Angleterre, on pourroit leur en faire la remise. Cela ne fera pas une différence de cent mille liv.

Il ne reste plus que la dette nationale à examiner. En l'année 1789, l'intérêt de cette dette, exclusivement de la tontine, étoit de l. 9,150,138. Le ministère sait mieux que personne de combien le capital est diminué depuis ce tems-là. Mais après en avoir payé l'intérêt, aboli la taxe sur les maisons & sur les fenêtres, la taxe commuée & celle des pauvres; après avoir fait des provisions pour les pauvres, pour l'éducation des enfans, le soutien de la vieillesse, des soldats réformés & des marins congédiés; après avoir augmenté la paye de ceux qui restent en activité, il y aura un surplus d'un million sterling.

Le plan actuel d'acquitter la dette nationale me paroît, comme juge indifférent, être mal digéré, si ce n'est pas une ruse ministérielle. La dette nationale n'est pas onéreuse, parce qu'elle est de tant de millions, ou de cent millions, mais parce qu'elle exige tous les ans, une certaine quantité de taxes pour en payer l'intérêt. Si cette quantité est toujours la même, le poids de la dette nationale est le même, que le capital soit plus ou moins considérable. La seule connoissance que le public puisse avoir de la réduction de la dette ne peut venir que de la réduction de l'impôt pour en payer l'intérêt. C'est pourquoi la dette n'est pas diminuée d'un liard pour le public, par tous les millions que l'on a payés ; & il faudroit actuellement plus d'argent pour rembourser le capital, que lorsque le plan a commencé.

En me permettant ici une digression, quoique j'aie dessein de revenir sur ce sujet, je jette un coup d'œil rétrograde sur la nomination de M. Pitt au ministère.

J'étois alors en Amérique ; la guerre étoit terminée ; & quoique le ressentiment eût cessé, la mémoire étoit encore fraîche sur les événemens.

Quand la nouvelle de la coalition arriva, quoique cela ne m'intéressât aucunement comme citoyen de l'Amérique, j'y fus sensible comme homme.

Elle avoit en elle-même quelque chose de choquant, en se faisant un jeu de la décence, & même des principes. Ce fut impudent de la part de Milord North, & foible de la part de M. Fox.

M. Pitt étoit alors ce que l'on peut appeler un novice en politique ; loin d'être un roué, il parut n'être pas même initié dans les premiers mystères des intrigues de la cour ; tout étoit en sa faveur. Le ressentiment contre la coalition lui rendoit les services de l'amitié, & son ignorance du vice passoit pour de la vertu. Avec le retour de la paix, le commerce & la prospérité devoient renaître d'eux-mêmes ; cependant ce changement fut encore attribué à ses talens.

Lorsqu'il prit le timon du gouvernail, la tempête étoit passée, & il n'avoit plus rien pour interrompre sa course. Il falloit même du génie pour avoir des torts & il réussit. Un très-court espace de tems le fit paroître tel qu'avoient été ses prédécesseurs. Au lieu de profiter de ces erreurs qui avoient accumulé un fardeau de taxes sans exemple dans le monde, il chercha des ennemis: je pourrois même dire qu'il publia qu'il lui en falloit, & provoqua des moyens d'augmenter l'impôt. Visant à quelque chose qu'il ne connoissoit pas lui-même, il fouilla l'Europe & l'Inde pour trouver des aventures, & abandonnant le beau dessein avec lequel il avoit commencé, il devint le chevalier errant des tems modernes.

Il est désagréable de voir perdre un caractère. Il l'est encore plus de se trouver trompé. M. Pitt n'avoit encore rien mérité, mais il promettoit beaucoup ; il avoit donné des symptômes d'un esprit supérieur à la bassesse & à la corruption des cours. Sa candeur apparente encourageoit l'espoir; & la confiance publique, étourdie, fatiguée & confondue par un cahos de partis ; se ranima & s'attacha à lui. Mais prenant, pour son propre mérite, le dégoût de la Nation pour la coalition; il se précipita dans des mesures qu'un homme moins soutenu que lui n'auroit pas osé entreprendre.

Tout cela tend à prouver qu'un changement de

ministère ne sert presque de rien. L'un s'en va & l'autre entre, & on poursuit toujours les mêmes mesures, les mêmes vices & les mêmes extravagances. Le vice gît dans le systême, les fondemens & l'édifice du gouvernement sont mauvais ; on a beau l'étayer, il s'écroule continuellement du côté de la cour, & le fera toujours.

Je reviens comme je l'avois promis, au sujet de la dette nationale, ce rejeton de la révolution Anglo-Hollandaise & de sa dame de compagnie la succession d'Hanovre.

Mais il est à présent trop tard de nous informer comment elle a commencé. Ceux qui sont créanciers de l'Etat, ont avancé l'argent ; & soit qu'il ait été bien ou mal employé ou volé, ce n'est pas leur faute. Il est cependant facile de voir, qu'à mesure que la nation fera des progrès dans la contemplation de la nature & des principes du gouvernement, & dans la connoissance des impôts, & que lorsqu'elle comparera ceux de l'Amérique, de la France & de l'Angleterre, il sera presqu'impossible de la tenir dans la même torpeur dans laquelle on l'a jusqu'ici tenue. La nécessité des circonstances demande une prompte réforme. Il ne s'agit pas de savoir si ces principes pressent avec plus ou moins de force dans le moment actuel. Ils sont sortis ; ils parcourent le monde, & aucune force ne sauroit les arrêter. Comme un secret divulgué, il n'y a plus de moyen de le rappeler; & il faut être aveugle pour ne pas voir qu'il se fait déjà des changemens.

Neuf millions de taxes superflues deviennent une chose sérieuse ; & sur-tout lorsque ce n'est pas même pour défrayer les dépenses d'un mauvais gouvernement; mais, en grande partie, celle d'un gouvernement étranger. Mais en plaçant le pouvoir de faire la guerre entre les mains d'étrangers qui vinrent dans le pays pour attraper ce qu'ils pourroient ; on ne devoit guère s'attendre à autre chose qu'à ce qui est arrivé.

On a déjà donné des raisons, dans cet ouvrage, pour prouver que quelles que puissent être les réformes dans l'impôt, elles doivent être faites sur les dépenses ordinaires du gouvernement, & non pas sur la partie appliquée à l'intérêt de la dette nationale.

En exemptant les pauvres d'impôts, ils seront entièrement soulagés, & toutes les causes de mécontentement de leur part s'évanouiront; & en abolissant cette partie des taxes dont nous avons parlé, la nation recouvrera plus qu'elle n'a dépensé pour la folle guerre de l'Amérique.

Il ne restera plus alors que la dette nationale pour sujet de mécontentement; & afin d'en écarter la cause, ou plutôt pour la prévenir, ce seroit une bonne politique de la part des porteurs de contrats de les regarder comme des propriétés, sujettes, comme toutes les autres, à supporter une portion de l'impôt. Cela les populariseroit & les garantiroit; & comme les inconvéniens qu'ils occasionnent, sont, en grande partie, balancés par le capital qu'ils font circuler, une mesure de ce genre ajouteroit tellement à cette considération qu'elle feroit taire toutes les objections.

Cela peut se faire graduellement, de manière à accomplir tout ce qui est nécessaire avec la plus grande facilité.

Au lieu de taxer le capital, le meilleur moyen seroit d'en taxer l'intérêt progressivement, & de diminuer l'impôt en proportion de la diminution de l'intérêt.

On pourroit par exemple imposer l'intérêt à un demi-sou par livre, la premiere année, à un sou la seconde & continuer ainsi sur une donnée quelconque; mais l'impôt devroit toujours être moindre que sur les autres propriétés. Un pareil impôt seroit soustrait de l'intérêt au moment du paiement, sans coûter un sou de perception.

Un sou par livre diminueroit l'intérêt, & conséquemment les taxes, de vingt mille livres. La taxe sur les charriots monte à cette somme-là; on pourroit l'ôter la premiere année. La seconde année, on aboliroit l'impôt sur les servantes ou tout autre semblable, & en continuant de cette manière, appliquant toujours la taxe levée sur la propriété de la dette vers son extinction, & non pas aux dépenses courantes, elle se païeroit d'elle-même.

Les rentiers, malgré cet impôt, paieroient moins de taxes qu'ils n'en payent aujourd'hui. Ce qu'ils épargneroient par l'extinction de la taxe des pauvres, de celle sur les maisons & sur les fenêtres & de la taxe commuée, seroit beaucoup plus considérable que ce qu'ils contribueroient à ce nouvel impôt.

Il me paroît que c'est un acte de prudence de chercher des moyens de parer à tous les événemens qui ne tarderont pas peut-être à arriver. Il y a en ce moment une crise dans les affaires de l'Europe qui l'exige. Les préparatifs sont maintenant un acte de sagesse. Si une fois on secoue le joug des taxes, il sera difficile de les rétablir; & le remède ne seroit pas aussi efficace, qu'en procédant par une réduction graduelle et certaine.

La fraude, l'hypocrisie, & les impositions du gouvernement, commencent actuellement à être trop connues pour croire qu'elles puissent encore exister long-tems. La farce de la monarchie & de l'aristocratie, dans tous les pays, va suivre celle de la chevalerie ; & M. Burke s'habille pour aller aux funérailles. Qu'elle passe donc tranquillement dans le tombeau de toutes les autres folies, & que les pleureurs s'en consolent.

Nous ne sommes par fort éloignés de l'époque

où l'Angleterre rira de sa propre folie, d'avoir envoyé chercher des hommes en Hollande, en Hanovre, à Zell, ou à Brunswick, au prix d'un million par an, qui n'entendoient ni ses lois, ni son langage, ni ses intérêts, & dont la capacité ne les auroit pas rendu propres à être *constable* de paroisse (1). Si le gouvernement a pu être confié à de pareils êtres, ce doit être vraiement une chose bien simple & bien facile à diriger; & on peut trouver dans toutes les villes & les villages d'Angleterre des matériaux propres à remplir toutes ses fins.

Quand pourra-t-on dire dans aucun pays du monde : mes pauvres sont heureux; on ne trouve, chez eux, ni la misère ni l'ignorance; mes prisons sont vides, mes rues n'offrent aucun mendiant; la vieillesse ne manque de rien, les taxes ne sont pas oppressives, le monde raisonnable est mon ami, parce que je veux son bonheur; quand on pourra dire toutes ces choses, alors ce pays aura droit de se vanter de sa constitution & de son gouvernement.

Dans l'espace de quelques années, nous avons vu deux révolutions; celle de l'Amérique, & celle de la France. Dans le premier pays, la contes-

---

(1) Un *constable* est un officier du pouvoir civil, chargé d'arrêter les malfaiteurs dans les paroisses.

tation fut longue & le conflit sévère; dans le second, la Nation agit avec une impulsion si générale, que, n'ayant pas d'ennemis étrangers à combattre, la révolution fut complette au moment où elle parut. De ces deux exemples, il est évident, que les plus grandes forces que l'on puisse amener, dans le champ des révolutions, sont la raison & l'intérêt commun. Par-tout où elles ont une occasion d'agir, l'opposition meurt de crainte, ou se dissout par la conviction. Elles ont, à présent, obtenu un fameux poste; & nous pouvons espérer de voir par la suite des révolutions, ou des changemens dans les gouvernemens, effectués avec autant de tranquillité qu'on décide toute autre mesure par la raison & par la discussion.

Quand une Nation change sa manière de voir & sa façon de penser, elle ne doit plus être gouvernée comme auparavant; il seroit non-seulement injuste, mais même peu politique de vouloir faire de force ce qu'il faut faire par la raison. La rébellion consiste à s'opposer forcément à la volonté générale d'une Nation, soit que cette opposition vienne de la part d'un parti ou de la part d'un gouvernement. C'est pourquoi il devroit y avoir chez toutes les Nations une méthode de connoître, selon l'occasion, l'opinion publique sur le gouvernement. Sur cet article, l'ancien gouvernement de France étoit supérieur au gouvernement actuel d'Angleterre, parce que dans les occasions extraordinaires, on pouvoit avoir recours à ce que l'on appeloit alors les États-Généraux. Mais en Angleterre, il n'y a pas de corps de cette nature ; & quant à ceux qu'on appelle, aujourd'hui, représentans du peuple, la plupart d'entr'eux ne sont que des marionettes de la cour, des gens en place & des dépendans.

Quoique tout le peuple d'Angleterre paye les taxes, je crois qu'il n'y en a pas la centième partie qui ait droit d'élection, & les membres d'une des chambres du Parlement ne représentent qu'eux-mêmes. Il n'y a, cependant, que la volonté générale du peuple qui ait droit d'agir dans tout ce qui a rapport à une réforme générale ; & par la même raison que deux personnes peuvent conférer sur ce sujet ; mille le peuvent également. L'objet, dans toutes ces mesures préliminaires, est de trouver quel est le sentiment général d'une nation, & de se conduire conformément ; si elle préfère un gouvernement mauvais ou défectueux à une réforme, ou si elle veut payer dix fois plus de taxes qu'il ne faut, elle a droit de le faire, & tant que la majorité n'imposera pas à la minorité d'autres conditions que celles qu'elle s'impose à elle-même, quoiqu'il puisse y avoir de l'erreur, il n'y a pas d'injustice.

L'erreur ne continuera pas non plus long-tems; la raison & la discussion ne tarderont pas à ramener les choses à la vérité, quelque mal qu'elles aient pu commencer. Par cette manière de procéder, on ne peut craindre aucun tumulte; les pauvres, dans tous les pays, sont naturellement paisibles & reconnoissans dans toutes les réformes où il s'agit de leur intérêt & de leur bonheur, ce n'est que lorsqu'on les néglige & qu'on les rejette, qu'ils deviennent tumultueux.

Les objets qui occupent à présent l'attention du public sont la révolution française & la perspective d'une révolution générale dans les gouvernemens. De toutes les nations de l'univers, il n'y en a pas qui doive s'intéresser davantage à la révolution française que l'Angleterre. Ennemies, depuis des siècles, aux dépens de sommes immenses, & sans aucun objet national, l'occasion se présente aujourd'hui de clorre la scène, & de joindre leurs efforts au reste de l'Europe. En agissant ainsi, non-seulement elles empêcheront toute effusion de sang pour l'avenir, & une augmentation de taxes, mais elles seront en état de se délivrer d'une partie de leur fardeau actuel, comme nous l'avons déjà observé. Néanmoins une longue expérience nous a prouvé que les réformes de ce genre ne sont pas celles que desirent les anciens gouvernemens; c'est pourquoi c'est aux nations, & non pas à de pareils gouvernemens que ces objets se présentent.

J'ai parlé ci-devant d'une alliance entre l'Angleterre, la France & l'Amérique, pour des fins dont je devois faire mention par la suite. Quoique je n'aie aucuns pouvoirs de la part de l'Amérique, j'ai raison de croire qu'elle est disposée à prendre en considération une pareille mesure, pourvu que les gouvernemens avec lesquels elle pourroit s'allier, agissent comme des gouvernemens nationaux, & non pas comme les cours enveloppées d'intrigue & de mystère. Il est certain que la France, comme nation & comme gouvernement national, seroit portée à une alliance avec l'Angleterre. Les nations comme les individus qui ont long-tems été ennemies sans se connoître, ou sans savoir pourquoi, n'en deviennent que meilleures amies, lorsqu'elles découvrent les erreurs & les impositions dont elles ont été les dupes.

En admettant donc la probabilité d'une pareille alliance, je vais donner quelques raisons pour montrer que cette alliance, jointe à celle de la Hollande, pourroit être infiniment utile, non-seulement aux parties contractantes, mais à toute l'Europe.

Il est, je crois, certain que si les flottes d'Angleterre, de France & d'Hollande étoient confédérées, elles pourroient proposer, avec efficacité, des bornes à toutes les marines de l'Europe, & les faire désarmer jusqu'à un certain point, dont on conviendroit.

Premièrement, on pourroit convenir qu'aucune puissance de l'Europe, les confédérés compris, ne bâtiroient aucun nouveau vaisseau de guerre.

Secondement, que toutes les marines qui existent aujourd'hui fussent réduites, supposons d'un quart de leur état actuel ; cela épargneroit à l'Angleterre & à la France au moins deux millions sterlings annuellement, & leur force relative seroit la même. Si les hommes vouloient se donner la peine de penser comme des êtres raisonnables devroient faire, rien ne leur paroîtroit plus ridicule & plus absurde, exclusivement de toute réflexion morale, que de faire la dépense de bâtir des navires, de les remplir d'hommes, & ensuite de les pousser dans l'Océan, pour voir quel est celui qui pourra le plutôt couler l'autre à fond. La paix, qui ne coûte rien, est accompagnée de beaucoup plus d'avantages qu'aucune victoire avec toutes ses dépenses ; mais la paix, quoiqu'elle remplisse mieux les vues des nations, ne remplit pas celles des gouvernemens avec des cours, dont la politique ordinaire est de trouver des prétextes d'impôts, de places & de bénéfices.

Il est de même certain que les puissances dont

j'ai fait mention pourroient efficacement proposer à l'Espagne l'indépendance de l'Amérique méridionale, & ouvrir ce pays immense & opulent au commerce du monde entier, comme l'est maintenant l'Amérique septentrionale.

Une nation acquiert bien plus de gloire, & obtient de bien plus grands avantages quand elle fait usage de sa puissance, pour tirer le monde de l'esclavage, & pour se créer des amis, que lorsqu'elle emploie cette puissance à augmenter la ruine, la désolation & la misère du genre humain. La pièce affreuse que joue maintenant le gouvernement anglais dans les Indes orientales, n'étoit bonne que pour les Goths & les Vandales, qui, dénués de tous principes, pilloient & tourmentoient le monde dont ils étoient incapables de jouir.

L'ouverture de l'Amérique méridionale produiroit un vaste champ pour le commerce, & un marché d'argent comptant pour les manufactures, ce que ne fait pas le monde oriental. L'Orient est un pays déjà plein de manufactures dont les importations nuisent non-seulement aux manufactures anglaises, mais épuisent même le numéraire du royaume. La balance de ce commerce contre l'Angleterre est régulièrement de plus d'un demi-million sterling annuellement envoyé en argent dans les navires de la compagnie des Indes ; & cela, les intrigues d'Allemagne d'Allemagne & les subsides Allemans, sont les raisons pour lesquelles il y a si peu d'argent blanc en Angleterre.

Mais toutes les guerres sont des moissons pour de pareils gouvernemens ; quelque ruineuses qu'elles puissent être pour une nation, elles servent à entretenir des espérances trompeuses, qui empêchent un peuple d'examiner les défauts & les abus du gouvernement. C'est le cri de : *Eh le voici ! eh le voilà !* qui amuse & qui trompe la multitude.

Jamais une pareille occasion ne s'est offerte à l'Angleterre & à toute l'Europe, que celle qu'ont produite les révolutions de l'Amérique & de France : par la première, la liberté a acquis un champion national dans le monde occidental, & par la seconde, un en Europe. Quand une autre nation aura imité la France, le despotisme & le mauvais gouvernement oseront à peine se montrer. Pour me servir d'une expression triviale, le fer est chaud dans toute l'Europe ; l'Allemand insulté, l'Espagnol asservi, le Russe, le Polonois commencent à penser. Le siècle actuel méritera par la suite le nom du siècle de la raison, & la génération présente paroîtra aux générations futures le nouvel Adam d'un nouveau monde.

Quand tous les gouvernemens de l'Europe seront établis sur le système représentatif, les

O

nations commenceront à se connoître, & les animosités & les préjugés suscités par l'intrigue & l'artifice des cours, cesseront : le soldat opprimé deviendra citoyen, & le malheureux matelot n'étant plus traîné dans les rues comme un criminel, continuera en sûreté son voyage mercantile. Il vaudroit mieux que les nations continuassent la paye de leurs soldats leur vie durante, qu'elles leur donnassent leur congé, & les rendissent à la liberté & à leurs parens, que d'entretenir de pareilles multitudes avec autant de frais, dans une situation inutile à la société & à eux-mêmes.

De la manière dont les soldats ont jusqu'ici été traités dans la plupart des pays, on pouvoit bien dire qu'ils n'avoient pas d'amis. Evités par les citoyens qui les regardoient comme ennemis de la liberté, & trop souvent insultés par leurs officiers, leur condition étoit une double oppression ; mais quand un peuple est imbu des principes naturels de la liberté, tout est remis dans l'ordre, & le soldat traité honnêtement, est lui-même honnête.

En contemplant les révolutions, il est aisé de s'apercevoir qu'elles peuvent provenir de deux causes distinctes; la première, pour éviter quelque grande calamité, ou pour s'y soustraire; la seconde, pour obtenir quelque grand bien positif; & ces deux causes peuvent être distinguées par les noms de révolutions actives & passives. Dans celles qui viennent de la première cause, l'esprit s'irrite & s'aigrit ; & le redressement des griefs, obtenu avec danger, est souvent souillé par la vengeance ; mais dans celles qui viennent de la dernière, le cœur plutôt animé qu'agité, entre avec sérénité sur le sujet. La raison & la discussion, la persuasion & la conviction, deviennent les armes de la contestation ; & ce n'est que lorsqu'on veut les supprimer, qu'on a recours à la violence. Quand les hommes s'accordent à dire *qu'une chose est bonne*, si on pouvoit l'obtenir, telle qu'une diminution d'impôts & l'extinction de la corruption, l'objet est plus d'à moitié accompli. Ils trouveront des moyens de parvenir à leurs fins.

Quelqu'un, dira-t-il, dans un tems où les taxes tombent avec tant de poids sur les pauvres, qu'une remise annuelle de cinq livres sterlings à cent quatre mille pauvres familles, ne soit pas une *bonne chose* ? Dira-t-il qu'une remise annuelle de sept livres à cent mille autres pauvres familles = de huit, à cent mille autres, & de dix livres à cinquante mille veuves, ne soit pas une *bonne chose* ? Et pour aller encore un peu plus loin sur ce sujet, dira-t-il qu'en pourvoyant aux accidens auxquels la vie humaine est sujette, en assurant six livres annuellement à tous les pauvres, depuis l'âge de cinquante ans jusqu'à soixante, & de dix livres après l'âge de soixante ans, on ne fasse pas une *bonne chose* ?

Dira-t-il que l'abolition de deux millions de taxes pour les pauvres, & de la totalité de l'impôt sur les maisons & sur les fenêtres, & de la taxe commuée ne soit pas une *bonne chose* ? Ou dira-t-il que ce soit une *mauvaise chose* d'abolir la corruption?

Si donc, le bien qu'il y a à obtenir est digne d'une révolution passive, raisonnable & sans dépense, ce seroit une mauvaise politique de préférer d'attendre un malheur qui en nécessitât une violente. Je ne crois pas, en considérant les réformes qui se font maintenant en Europe, que l'Angleterre soit la dernière à penser à la sienne; & tandis que l'occasion se présente de la faire paisiblement, il seroit absurde d'attendre qu'une nécessité violente l'exigeât. On peut regarder comme honorable pour les facultés animales de l'homme, d'obtenir un redressement de griefs par le courage & par le danger; mais il est beaucoup plus honorable pour ses facultés spirituelles, d'obtenir le même objet par la raison, par un accommodement & par le consentement général (1).

_____

(1) Je sais que c'est l'opinion de plusieurs des hommes les plus éclairés de France, (il y aura toujours des hommes

A mesure que les réformes, ou les révolutions appelez-lés comme il vous plaira, s'étendront parmi les nations, ces nations formeront des alliances & des conventions, & quand il y en aura ainsi quelques-unes de confédérées, les progrès seront rapides, jusqu'à l'extirpation entière du despotisme & du gouvernement corrompu, au moins hors de deux parties du monde, l'Europe

---

qui voyent plus loin que d'autres) non-seulement dans la masse commune des citoyens, mais de plusieurs des principaux membres de l'Assemblée Constituante, que le gouvernement monarchique ne continuera pas longtems dans ce pays-là. Ils ont découvert que puisqu'on ne pouvoit pas rendre la sagesse héréditaire, le pouvoir ne devoit pas l'être non plus; & que pour qu'un homme méritât un million sterling par an, de la part d'une nation, il falloit qu'il eût un esprit capable de comprendre depuis un atôme jusqu'à l'univers; & que s'il possédoit une semblable capacité il seroit au-dessus de tout salaire. Mais ils n'ont pas voulu faire marcher la nation plus vîte que sa raison & son intérêt ne l'exigeoient. Dans toutes les conversations sur ce sujet où j'ai été présent, l'idée commune étoit que, lorsque la nation seroit assez généralement éclairée pour adopter cette opinion, la méthode la plus honorable dont on pourroit se servir, seroit d'accorder une gratification honnête à la personne, quelle qu'elle fût, qui rempliroit alors le département monarchique, en lui disant de se retirer dans la vie privée, avec une portion de droit & de priviléges égale à celle des autres citoyens, sans être plus responsable qu'eux de son tems & de sa conduite.

& l'Amérique. On pourra alors ordonner aux Algériens de cesser leurs pirateries; car ce n'est que par la politique malicieuse des anciens gouvernemens, les uns contre les autres, qu'elles existent.

Dans toute l'étendue de cet ouvrage, quelque nombreux & quelque variés que soient les sujets que j'ai traités & examinés, il n'y a qu'un seul paragraphe sur la religion, savoir: « *que toute religion est bonne, qui enseigne à l'homme à être bon* ».

J'ai soigneusement évité de m'étendre sur ce sujet, parce que je suis enclin à croire que le ministère actuel desire d'entretenir les querelles de religion, pour empêcher la nation de tourner son attention vers le sujet du gouvernement. C'est comme s'il disoit: « *regardez par-ici, ou par-là, ou toute autre part, excepté par ici* ».

Mais comme on fait de la religion une chose politique, & que par-là sa réalité en souffre, je vais conclure cet ouvrage, en exposant sous quel point de vue j'envisage la religion.

Si nous supposons une grande famille d'enfans, qui, un jour particulier, ou dans des circonstances particulieres, auroient coutume d'offrir à leur père quelque marque de leur affection & de leur reconnoissance, chacun d'eux feroit un présent différent, & probablement d'une manière différente. Les uns le féliciteroient en vers ou en prose, par quelques petites devises, selon que leur génie le leur inspireroit, ou selon ce qu'ils s'imagineroient devoir plaire davantage; & peut-être, le plus petit de tous, incapable de faire aucune de ces choses, iroit dans le jardin ou dans les champs, cueillir ce qu'il croiroit la plus jolie fleur possible, quoique peut-être ce ne fût qu'une simple herbe. Le père seroit plus satisfait d'une pareille variété, que s'ils avoient tous agi de concert, & avoient chacun présenté la même offrande. Cela auroit eu la froide apparence d'une combinaison, ou celle d'y être forcés. Mais de toutes les choses les plus désagréables, aucune ne pourroit affliger davantage le père, que d'apprendre qu'ils s'étoient tous querellés, filles & garçons, & qu'ils s'étoient battus, insultés, & invectivés au sujet de ces présens, chacun soutenant que le sien étoit le meilleur.

Pourquoi ne supposerions-nous pas que le père de tous les hommes aime une variété de cultes; & que la plus grande offense que nous puissions faire, c'est celle par laquelle nous cherchons à nous tourmenter & à nous rendre misérables les uns les autres. Pour moi, je suis pleinement persuadé que ce que je fais à présent dans le dessein de concilier le genre humain, pour le rendre heureux, pour réunir les nations qui ont jusqu'ici été ennemies, pour extirper l'horrible pratique de la guerre, &

pour rompre les chaînes de l'esclavage & de l'oppression, est agréable à ses yeux, & comme c'est le meilleur service que je puisse rendre, je m'en acquitte avec joie.

Je ne crois pas qu'il existe deux hommes qui pensent de même sur aucun point théologique, pourvu qu'ils pensent véritablement. Il n'y a que ceux qui ne pensent pas qui paroissent s'accorder. Il en est de cela comme de la constitution britannique. On a supposé qu'elle étoit bonne, & les éloges ont tenu lieu de preuves. Mais quand la nation viendra à examiner ses principes & les abus dont elle est susceptible, elle trouvera qu'elle a plus de défauts que je n'en ai fait voir dans cet ouvrage & dans le précédent.

Quant à ce que l'on appelle religions nationales, on peut, avec autant de justesse, parler de dieux nationaux; c'est ou une ruse politique, ou les restes du système payen, lorsque chaque nation avoit ses dieux particuliers. De tous les écrivains du clergé anglican, qui ont traité le sujet général de la religion, le présent évêque de Landaff s'est le plus distingué; & c'est avec beaucoup de plaisir que je saisis cette occasion de lui donner cette marque de respect.

J'ai maintenant parcouru toutes les branches de ce sujet, au moins selon ce que je puis en juger. Mon intention a toujours été depuis cinq ans que je suis en Europe, de présenter une adresse au peuple anglais sur le sujet du gouvernement, si l'occasion s'en présentoit avant que je retournasse en Amérique. M. Burke me l'a offerte & je l'en remercie. Dans une certaine circonstance, il y a trois ans; je le pressai de proposer d'élire une convention nationale pour prendre en considération l'état de la nation; mais je m'aperçus que, quoique le courant du parlement fût très-fort contre le parti avec lequel il agissoit, la politique des gens de ce parti étoit d'entretenir tout dans ce siècle de corruption, & de s'en fier aux accidens. Une longue expérience avoit prouvé que les parlemens suivoient les changemens des ministres, & c'est là-dessus qu'ils fondoient leurs espérances.

Autrefois, lorsqu'il s'élevoit des divisions au sujet des gouvernemens, on avoit recours à l'épée, & il s'ensuivoit une guerre civile. Cette coutume barbare est extirpée par le nouveau système, & on a maintenant recours à des conventions nationales. La discussion & la volonté générale sont les arbitres de la question ; l'opinion particulière s'y soumet avec bonne grace, & l'ordre est conservé sans interruption.

Quelques personnes ont affecté d'appeler les principes sur lesquels cet ouvrage & la première partie *des droits de l'homme*, sont fondés, « une nouvelle doctrine. » La question n'est pas de savoir si ces principes sont anciens ou nouveaux; mais s'ils sont vrais ou faux. En supposant le premier cas, je vais en démontrer les effets par une figure facile à comprendre.

Nous sommes actuellement vers le milieu de Février; si j'allois faire un tour à la campagne, les arbres ne m'offriroient que l'aspect de l'hiver sans verdure & sans feuillage. Comme ceux qui se promènent arrachent quelquefois une branche en passant, je pourrois peut-être faire la même chose, & par hasard découvrir qu'il y avoit sur cette branche *un bouton* qui commençoit à pousser. Je raisonnerois bien mal, ou plutôt je ne raisonnerois pas du tout, si je supposois que *ce bouton* fût *le seul* qui eût paru en Angleterre. Au lieu de décider de cette manière, je conclurois sur le champ, que la même apparence commençoit, ou alloit commencer par-tout, & quoique le sommeil végétal continue plus long-tems dans quelques arbres & dans quelques plantes que dans d'autres, quoiqu'il puisse arriver que quelques-uns d'entr'eux ne fleurissent pas de deux ou trois ans, tous auront cependant des feuilles dans l'été, excepté ceux qui sont *pourris*. Aucune prévoyance humaine ne sauroit déterminer à quelle distance l'été politique suivra l'été naturel. Il n'est cependant pas difficile de s'apercevoir que le printems est commencé. — Ainsi en souhaitant, avec la plus grande sincérité, liberté & félicité à toutes les Nations, je termine LA SECONDE PARTIE.

APPENDICE.

Comme la publication de cet ouvrage a été différée au-delà du tems où j'avois dessein de le faire paroître, je crois qu'il ne sera pas inutile, toutes circonstances considérées, d'assigner les causes de ce délai.

Le lecteur observera probablement, que quelques parties du plan contenu, dans cet ouvrage, pour la réduction des impôts, & certaines parties du discours de M. Pitt, à l'ouverture de la présente session du Parlement, le 31 Janvier, se ressemblent tellement, qu'on pourroit croire, ou que l'auteur a profité des idées de M. Pitt, ou M. Pitt de celles de l'auteur;— je vais d'abord faire remarquer les endroits qui se ressemblent, & exposer certaines circonstances dont je suis instruit, en permettant au lecteur d'en tirer lui-même les conséquences qu'il lui plaira.

Considérant que c'est peut-être une chose sans exemple, qu'un ministre anglais vienne proposer d'ôter des impôts, il est également extraordinaire qu'une pareille mesure se soit offerte en même tems à deux personnes; & plus encore, (en faisant attention à la multitude & à la variété des impôts) que ces deux personnes se soient rencontrées sur les mêmes impôts à supprimer. M. Pitt a fait mention, dans son discours, de l'impôt sur les *charriots*, de celui sur les *servantes*. — Il a parlé de diminuer l'impôt sur la *chandelle*, & d'ôter une taxe de trois chelins sur les *maisons* ayant moins de sept fenêtres.

Tous ces impôts spécifiquement font partie du plan contenu dans cet ouvrage, & que l'on a aussi proposé d'ôter. Il est vrai que le plan de M. Pitt ne s'étend qu'à une réduction de trois cent vingt mille livres sterlings, & que la réduction proposée dans cet ouvrage monte à près de six millions. J'ai fait mes calculs sur seize millions & demi seulement de revenu, soutenant toujours « qu'il est » de près de dix-sept millions, si toutefois il ne monte » pas entièrement à cette somme ». M. Pitt l'estime à 16,690,000. J'en sais assez sur ce sujet pour dire qu'il ne l'a pas estimé trop haut. Ayant fait voir les parties de cet ouvrage qui correspondent à son discours, je vais exposer une suite de circonstances qui pourra conduire à quelqu'explication.

La première idée de diminuer les impôts, qui est comme une conséquence dérivant de la révolution française, fut présentée dans l'ADRESSE & la DÉCLARATION des personnes qui s'assemblèrent à la taverne, *thatched-house*, le 20 Août 1791. Entr'autres particularités dont il est fait mention dans cette adresse, se trouve celle qui suit, offerte en forme de question aux adversaires ministériels de la révolution française. « *Sont-ils fâchés que* » *les prétextes pour de nouvelles taxes désastreuses,* & » *que les raisons pour continuer plusieurs anciennes taxes* » *vont cesser ?* »

Il est bien connu que la plupart des personnes qui fréquentent la taverne, *thatched-house*, ont des liaisons à la cour ; ces personnes-là furent tellement mécontentes de cette adresse & de cette déclaration touchant la révolution française & la réduction des impôts, que l'hôte fut dans la nécessité d'informer ceux qui composoient l'assemblée du 20 Août, & qui se proposoient d'en avoir une autre qu'il ne pouvoit pas les recevoir (1).

―――

(1) La personne qui signa l'adresse & la déclaration comme pré-

On trouvera que ce dont on n'avoit fait que donner l'idée dans cette *adresse & déclaration*, touchant les taxes & les principes du gouvernement, est réduit, dans cet ouvrage, à un système régulier. Mais comme le discours de M. Pitt contient quelque chose de semblable au sujet des taxes, je vais maintenant citer les circonstances auxquelles j'ai fait allusion.

Le cas est, qu'ayant dessein de publier cet ouvrage avant l'ouverture du Parlement, je remis, au mois de Septembre, une partie considérable du manuscrit entre les mains de l'imprimeur, & que je lui fis passer tout le reste jusqu'à la page 160, qui contient les parties auxquelles le discours de M. Pitt est semblable, six semaines au moins avant la réunion du Parlement, en l'informant du tems où je voulois que l'ouvrage parût, il avoit tout

---

sident de la société, M. Horne Tooke, étant généralement soupçonné de l'avoir composée & ayant beaucoup parlé en sa faveur, fut ridiculisé pour avoir vanté son propre ouvrage. Pour le tirer de cet embarras, & pour lui épargner la peine d'être obligé de répéter souvent le nom de l'auteur, ce qu'il n'a pas manqué de faire, je n'hésite pas à dire que, comme je crus qu'il se présentoit une occasion de profiter de la révolution française, ce fut moi qui rédigeai l'adresse en question, & qui la lui montrai ainsi qu'à quelques autres amis, qui, l'approuvant pleinement, tinrent une assemblée pour la rendre publique, & firent une souscription de cinquante guinées pour payer les frais d'annonces. Je crois qu'il y a maintenant en Angleterre un plus grand nombre d'hommes qui agissent selon des principes purs, déterminés à examiner la nature & les pratiques du gouvernement par eux-mêmes, & à ne pas se fier aveuglément, comme on l'a fait ci-devant, soit au gouvernement en général, ou aux Parlemens, ou au parti de l'opposition du Parlement, qu'à aucune autre époque antérieure. Si cela étoit arrivé il y a cent ans, la corruption & les impôts ne seroient jamais parvenus au point où ils sont aujourd'hui.

composé environ quinze jours avant l'ouverture du Parlement, & avoit imprimé jusqu'à la page 112, & m'avoir même donné une épreuve de la feuille suivante jusqu'à la page 128. Il étoit alors assez avancé pour paroître au tems marqué, puisqu'il y en avoit deux autres feuilles prêtes à mettre sous-presse. Je lui avois dit auparavant que s'il croyoit être borné pour le tems, je ferois imprimer une partie de l'ouvrage ailleurs, ce qu'il me pria de ne pas faire. Voilà où en étoient les choses quinze jours avant la rentrée du Parlement, lorsque, tout-à-coup, sans m'avoir averti, quoique je l'eusse vu la veille dans la soirée, il me renvoya, par un de ses ouvriers, tout le reste de la copie depuis la page 112, en disant qu'il lui étoit tout-à-fait impossible *de continuer l'ouvrage.*

Je ne sus à quoi attribuer cette conduite extraordinaire, d'autant plus qu'il avoit déjà imprimé cette partie qui traite des systêmes & des principes du gouvernement, & qu'il alloit commencer le plan pour la réduction des impôts, l'éducation des enfans, & l'entretien des pauvres & des vieillards; j'eus d'autant plus lieu d'être surpris, qu'en commençant à imprimer, & avant d'avoir vu tout le manuscrit, il m'avoit offert mille livres sterlings pour avoir *le droit d'imprimer,* conjointement avec celui de la première partie des droits de l'homme. Je répondis à la personne qui me fit cette offre, que je ne voulois pas l'accepter, & que je la priois de ne pas la faire de nouveau, en lui donnant pour raison, que, quoique je crusse que l'imprimeur fût un honnête homme, je ne mettrois jamais au pouvoir d'aucun imprimeur ou libraire de supprimer ou altérer aucun de mes ouvrages, en le rendant maître du manuscrit, ou en lui donnant le droit de le vendre à aucun ministre ou à aucune autre personne, ou de traiter comme un objet de trafic, ce que je voulois faire opérer comme un principe.

Son refus de continuer l'ouvrage, (qu'il n'avoit pu acheter) m'obligea de chercher un autre imprimeur, & conséquemment cela retarda la publication jusqu'après la réunion du Parlement ; autrement il auroit paru que M. Pitt n'avoit pris qu'une partie du plan que j'avois exposé plus au long.

Que ce ministre ou que quelqu'autre personne ait vu l'ouvrage entier ou en partie, ce que je ne puis dire ; mais la manière dont il me fut rendu, le tems où cela arriva, & cela après les offres qu'on m'avoit faites, sont des circonstances suspectes. Je connois la dessus l'opinion des libraires & des éditeurs ; mais quant à la mienne, je ne veux pas la déclarer. Il y a bien des moyens par lesquels on peut se procurer des épreuves avant qu'un ouvrage soit mis au jour ; auxquels j'ajouterai une certaine circonstance que voici :

Un libraire ministériel dans Piccadily, qui a été employé, selon le bruit commun, par un des commis des comités intimément liés avec le ministère, (le comité de commerce & de plantation dont Hawksbury est président) avoit coutume de faire imprimer ses livres à la même imprimerie où je faisois imprimer le mien ; mais quand la première partie *des Droits de l'Homme* parut, il reprit avec colère, à l'imprimeur, les ouvrages qu'il lui avoit donnés à faire ; & environ huit à dix jours avant que l'imprimeur m'eût renvoyé mon manuscrit, il étoit venu lui offrir de nouveau sa pratique, ce qui avoit été accepté. Cela conséquemment lui donna accès dans l'imprimerie, où étoient alors les feuilles de cet ouvrage ; & comme les libraires & les imprimeurs sont assez libres les uns avec les autres, il eut occasion de voir ce qui se passoit. — Quoi qu'il en soit, le plan de M. Pitt, tout petit & tout diminutif qu'il est, auroit paru bien gauche, si cet ouvrage avoit été publié au tems où l'imprimeur avoit promis de le finir.

J'ai maintenant exposé toutes les particularités qui ont occasionné le délai, depuis le moment de la proposition d'acheter le manuscrit jusqu'à celui du refus d'imprimer. Si tous ces messieurs sont innocens, il est très-malheureux pour eux qu'il se trouve, sans dessein, un si grand nombre de circonstances suspectes réunies.

Ayant fini là-dessus, je vais conclure en citant une autre circonstance.

Quinze jours ou trois semaines avant la rentrée du Parlement, on fit une petite addition d'environ douze chelins six sous par an à la paye des soldats, ou plutôt on leur retint moins sur leur paye. Quelques personnes qui savoient partiellement que cet ouvrage contiendroit un plan de réforme, vouloient que j'y ajoutasse une note pour avertir le public que la partie qui traitoit de ce sujet, avoit été mise entre les mains de l'imprimeur, plusieurs semaines avant que cette addition de paye eût été proposée. Je refusai de le faire, de peur d'avoir un air de vanité, ou de paroître vouloir exciter un soupçon, (pour lequel peut-être il n'y avoit pas de fondement) que quelques agens du gouvernement savoient ce que contiendroit cet ouvrage ; & si l'impression n'en avoit pas été interrompue de manière à occasionner un délai beaucoup plus long que le tems fixé pour sa publication, rien de ce qui est contenu dans cet appendice n'auroit paru. *Signé*, THOMAS PAINE.

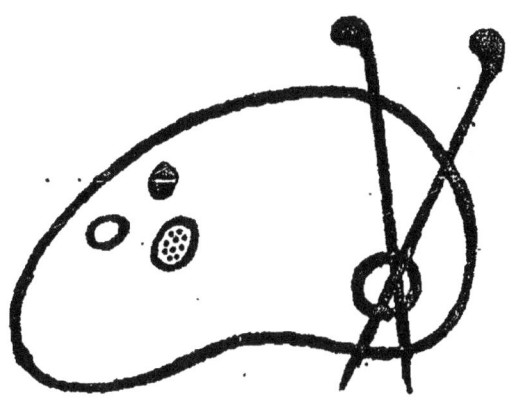

Original en couleur
NF Z 43-120-8

www.ingramcontent.com/pod-product-compliance
Lightning Source LLC
Chambersburg PA
CBHW070526170426
43200CB00011B/2332